★ 개정증보판 ★
150년 하버드 글쓰기 비법

개정증보판

SNS부터 보고서까지 이 공식 하나면 끝
150년 하버드 글쓰기 비법

ⓒ 송숙희 2022

1판 1쇄 2018년 11월 5일
1판 30쇄 2021년 6월 7일
개정증보1판 1쇄 2022년 3월 14일
개정증보1판 10쇄 2024년 5월 7일

지은이 송숙희
펴낸이 유경민 노종한
책임편집 이현정
기획편집 유노북스 이현정 조혜진 권혜지 정현석 **유노라이프** 권순범 구혜진 **유노책주** 김세민 이지윤
기획마케팅 1팀 우현권 이상운 **2팀** 유현재 김승혜 이선영
디자인 남다희 홍진기 허정수
기획관리 차은영
펴낸곳 유노콘텐츠그룹 주식회사
법인등록번호 110111-8138128
주소 서울시 마포구 월드컵로20길 5, 4층
전화 02-323-7763 **팩스** 02-323-7764 **이메일** info@uknowbooks.com

ISBN 979-11-92300-05-4 (03190)

150년
하버드
글쓰기
비법

송숙희 지음

개정
증보판

유노
북스

이 책은 공공 기관, 공기업, 대학교와 크고 작은 단체들이 십수 년 동안 저에게 마련해 준 글쓰기 교육의 기회, 그리고 하버드식 글쓰기 수업을 진행하는 동안 수강생들에게 피드백하고 조언하고 질문을 받으며 연구한 경험이 만들어 준 선물입니다. 저와 함께 글쓰기에 귀한 시간을 투자한 분들께 이 책을 바칩니다.

■ **개정증보판은 이렇게 달라졌습니다**

· 이 책은 《150년 하버드 글쓰기 비법》 2018년 초판의 2020년 증보판을 개정 증보한 것입니다.
· '오레오(O.R.E.O.) 공식'으로 표기를 통일하였습니다.
· 글쓰기와 오레오 공식에 대한 활용·응용 사례와 적용 방법을 더하여 내용이 더욱 풍성해졌습니다.
· 글쓰기 연습을 할 수 있는 워크시트와 독자들의 최다 궁금증에 대한 답변을 보완했습니다.

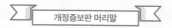

개정증보판 머리말

어떤 글이든
더 쉽고 빠르게 쓰세요

글쓰기가 어려운 이유는 그저 글을 쓰는 것이 아니라
자신이 의도하는 글을 써야 하기 때문이며,
독자에게 그저 영향을 주는 정도가 아니라 엄밀하게 자신이 원하는 쪽으로
영향을 미쳐야 하기 때문이다.

- 로버트 루이스 스티븐슨《보물섬》을 쓴 영국의 소설가 겸 시인)

"글은 쉽게 쓰는 것입니다."

《150년 하버드 글쓰기 비법》은 오직 이 한마디를 위해 썼습니다. 이
책은 '오레오(O. R. E. O.)'라는 단 하나의 글쓰기 공식만을 이야기합니
다. 이 공식은 하버드대학교에서 150년여 시간을 공들여 학생들에게
가르쳐 온 논리적으로 생각하고 글 쓰는 법을 담아 낸 것입니다. 또한
전 세계의 각계각층에서 탁월한 리더로 활약하는 하버드대학교 졸업
생들이 성공할 수 있었던 단 하나의 근원을 정리한 내용이기도 합니다.
《150년 하버드 글쓰기 비법》은 2018년에 출간되자마자 1주 만에 1만

부가 판매되었고 출간한 지 채 2년도 되기 전에 10만 부가 팔렸습니다.

하버드대학교에서 그 긴 세월 동안 한결같이 전수한 것은 상대방에게 빠르게 핵심을 전달하여 빠르게 반응을 얻어 내는 논리적인 글쓰기 방법입니다. 현명한 독자들은 이 책에서 제시한 하버드대학교의 글쓰기 비법이 논리적 글쓰기 자체가 아니라 논리적으로 글을 쓰기 위해 집착하고 전념하고 몰두하는 태도임을 간파했습니다. 그리고 그 태도의 결과가 하버드대학교 졸업생들이 다방면에서 성과를 내는 리더로 활약하는 데 기여한 핵심 요인임을 알아냈습니다. 독자들은 이 책을 읽고 난 후의 놀라움과 글을 쉽게 쓸 수 있다는 기대감을 주위에 퍼뜨렸습니다. 직업 불문, 나이 불문, 전공 불문하고 책을 사 읽은 그 많은 이의 면면은 실로 놀랍습니다.

이 책에서 집중적으로 소개하는 논리적 글쓰기란, 알리고자 하는 내용을 일리 있게 구성하고 조리 있게 표현함으로써 핵심을 빠르게 전하는 글쓰기를 말합니다. 그리하여 상대방에게 내가 원하는 반응을 빠르게 얻을 수 있는데, 독자가 읽고 싶고 읽기 쉽게 글이 쓰였기 때문입니다. 논리적 글쓰기는 그 여정에서 내용들 간에 모순과 논리적 오류가 없는지를 살피고 가리는 비판적 사고, 정보를 거침없이 읽고 막힘없이 써먹는 문해력이 동원되는 고차적 사고 능력의 증거입니다. 이런 이유로 논리적 글쓰기는 누구에게나 유능함을 어필하고 원하는 성공을 얻는 데 없어서는 안 되는 능력입니다. 그래서 하버드, 옥스퍼드, MIT 같

150년 하버드 글쓰기 비법

은 세계적인 대학과 내로라하는 기업들은 글을 논리적으로 쓸 줄 아는 사람을 채용하고 사내 교육을 통해 직원들에게 논리적 글쓰기의 기술을 가르칩니다.

누구나 이 책으로 그들의 기술을 1시간 안에 배워서 써먹을 수 있습니다. 글쓰기가 어렵고 힘든 이유, 또한 글을 잘 쓰지 못하는 이유는 쓸거리를 만들지 않고 맨땅에 헤딩하듯 들이대기 때문입니다. 이 책이 제안하는 비법과 공식과 루틴을 따르면 누구나 글을 쉽게 논리적으로 잘쓸 수 있습니다.

오레오 공식은 미국의 초등학생들이 설득하는 글쓰기를 배울 때 사용하는 보조 도구이자 하버드생이 학교에서 4년 내내 배우는 논리적 글쓰기 방법에 세계적인 컨설팅 회사 맥킨지앤드컴퍼니의 경쟁력인 논리적 사고 포맷을 합체한 프레임워크입니다. 그래서 오레오 공식을 활용하면 논리정연한 글을 쉽고 빠르게 쓸 수 있습니다. 글을 쉽게 쓰려면 글로 쓸 내용인 쓸거리가 분명해야 하는데 오레오 공식이 곧 쓸거리를 만들어 주는 공식이기 때문입니다. '의견 내기 → 이유 대기 → 사례 들기 → 의견 강조하기'로 구성된 단 4줄로 글의 뼈대를 잡아 쓸거리를 만들고 그 뼈대에 구체적인 내용을 더해 글을 완성하면 됩니다. 그럼 어떤 내용이든 핵심을 빠르게 전하여 원하는 반응을 빠르게 얻을 수 있습니다.

오레오 공식 하나로 비대면 보고에서 원격 회의까지, SNS에서 비즈니스 채팅까지 어떤 글이든 쉽게 쓸 수 있습니다. 이 책에서 쉴 새 없이 강조하는 오레오 공식이 전동 드라이버처럼, 채칼처럼, 구구단처럼 당신의 글을 쉽게 빠르게 근사하게 만들어 줄 것입니다. 그러면 일터에서, 일상에서 자신의 생각과 의견과 아이디어를 사람들에게 전달하고 설득하는 데 자신감이 생깁니다. 결국 당신이 원하는 대로 성공하게 됩니다.

새로운 미래를 꿈꿀 수 있도록
가장 쉽게, 친절하게, 자세하게 담은 글쓰기 비결

코로나19가 불러온 팬데믹은 기업에서나 필요로 하던 혁신을 일하는 개인 누구나에게 요구합니다. 누구도 피해 갈 수 없는 변화에 당신이 소외되지 않도록, 손해 보지 않도록 책의 내용을 업그레이드했습니다. 책이 세상에 나온 이후 기업, 기관, 학교, 조직, 개인으로부터 어마어마하게 교육 요청이 쇄도했습니다. 하버드 글쓰기 비법을 전수하는 수많은 현장에서 독자들의 생생한 어려움을 접했고, 그 고민들을 해소하는 비결과 대처하는 연습 방법을 책에 더 실었습니다.

또 오레오 공식을 입 안의 혀처럼 자유자재로 활용하는 참 쉬운 글쓰기를 위한 매일 10분, 쓸거리를 만드는 연습 방법을 소개합니다. 대학이 무너지는 시대에 하버드대학의 논리적 글쓰기가 계속 유효할는지, 인공 지능이 글을 다 써 주고 말로 승부하는 영상 매체 시대에 글쓰기가 왜 여전히 중요할 수밖에 없는지와 같은 독자의 궁금증에 담긴 의미와 통찰도 답해 드립니다.

그리하여 《150년 하버드 글쓰기 비법》 개정증보판이 팬데믹이 흔들어 놓은 당신의 일과 일상, 미래를 위한 치료제이자 위기를 기회로 만들 백신으로 위드 코로나 시대에 당신이 꿈꾸는 성공의 동반자가 되어 드리겠습니다. 오레오 공식을 활용하여 글을 쉽게 쓰면서 논리적 글쓰기 지능을 개발한다면 하버드대학교 졸업생처럼 당신도 의도한 결과와 원하는 성과를 내며 성공할 수 있습니다.

말과 글이 넘쳐나는 시대에는 자기 머리로 생각하고 그 생각을 빠르게 전파하는 사람이 보다 많은 기회를 얻습니다. '비대면, 원격, 하이브리드' 같은 단어로 상징되는 앞으로의 일터에서는 자신의 생각을 쉽게 쉽게 글로 쓰고 전달하는 사람에게 길이 열립니다. 이 책이 당신에게 키워 줄 논리적 글쓰기 지능은 그러한 기회와 길을 여는 최고의, 아니 유일한 마스터키입니다. 이 마스터키로 당신이 원하는 성공의 문을 열어 보세요.

《150년 하버드 글쓰기 비법》은 논리적 글쓰기 능력이 반드시 필요한 직장인, 학생, 전문직, 교사, 공무원은 당연히 읽었고 이런 독자도 읽어야 합니다.

비대면 수업으로 학업 역량이 떨어져 취업이 걱정인 대학생, OJT조차 받지 못해 회사 생활이 버거운 고스펙 신입 사원, 대면 회의를 하는 대신 회의 내용을 문서로 공유해야 하여 난감한 직장인, 교장 승진 면접을 준비 중인 교감 선생님, 고객의 댓글에 대답하려면 손이 떨리는 외식업체 사장님, 온라인에 회사 소개 글을 써야 하는 총무과 직원, 화난 고객이 회사 홈페이지 게시판에 올린 항의 글에 답해야 하는 고객 센터 담당자, 거래처에 이메일로 협상안을 보내야 하는 영업 직원, 고객에게 메신저밖에 쓸 줄 모르는 보험 영업 직원, 하는 일의 90퍼센트가 글쓰기인 마케팅 직군, 유튜브 장비 일습을 비싸게 세팅하고도 대본 한 줄 쓰지 못해 고민인 크리에이터, 신규 등록을 독려할 초대 글을 써야 하는 요가원 원장님, 학부모에게 보내는 메시지를 궁리하느라 오전 내내 끙끙대는 보습 학원 원장님, 대입과 취업에 필요한 자기소개서 쓰기에 인생을 건 수험생이라면 이 책이 아주 유용합니다.

또 있습니다. 대전환의 시대, 한 조사에 따르면 일하는 장소를 선택하지 못하게 하면 그만두겠다는 직원이 설문 응답자 4,400여 명의 39퍼센트입니다. MZ 세대에서는 이 비중이 49퍼센트까지 올라간다고 하지요. 한국의 대기업도 입사한 MZ 세대 직원들이 높은 연봉에도 불구하고 계속해서 퇴사해서 골머리를 앓는다고 합니다. 기업의 미래인 그들과 함께 일하려면 소통 문제부터 해결해야 합니다. 그래서 MZ 세대 직원이 늘어나는데 소통하자니 말문부터 막히는 회사 간부, 임원이라면 꼭 이 책을 읽어야 합니다. MZ 세대 그들은 업무 디렉션을 정확하게 받으면 누구보다 일을 잘하니까요.

무슨 일을 하든, 글쓰기에 발목 잡혀 힘들다면 이제 당신의 차례입니다. 하버드 졸업생처럼 어떤 글이든 다 잘 쓰길 바랍니다. 그리고 기억하세요.

"글은 쉽게 쓰는 것입니다."

당신의 글쓰기에 참으로 진심인 송숙희 코치

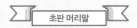
하버드대학교의
20만 불짜리 비밀

쓸거리가 있으면 쓰는 것은 문제가 되지 않는다.
쓸거리가 없으면 쓰는 것은 문제조차 되지 않는다.

- 글 잘 쓰는 사람들의 이구동성

안녕하세요? 저는 글쓰기 코치입니다. 제가 하는 일은 글을 쓰는 사람이 일리 있게 생각하고 조리 있게 표현하도록 교육하는 것입니다. 이 책은 제가 글쓰기 교육 현장에서 수강생들에게 중점적으로 전수하는 '내 글을 논리적으로 생각하고 전달하는 기술'을 다룹니다. 이는 하버드대학교에서 올해까지 150년이나 가르쳐 온 글쓰기 기술의 핵심이기도 합니다.

하버드대학교가 내건 글쓰기 수업의 목표는 '논리적 사고력 향상'입니다. 왜냐하면 논리력은 모든 사고의 토대이며 개인적, 사회적 성공의 기본이기 때문이지요. 그래서 하버드생은 전공에 상관없이 글쓰기를 중심으로 수업을 받으며 학교에 다니는 내내, 4년 이상 글쓰기를 배웁니다. 여기에서 논리정연하게 메시지를 개발하는 방법, 자신의 메시지를 설득력 있게 전달하기 위한 에세이 쓰기를 배웁니다.

이 책에서 집중적으로 소개하는 '오레오(O.R.E.O.) 공식'은 하버드대학교에서 시행하는 글쓰기 수업의 핵심을 고스란히 담아내 정리한 글쓰기 도구입니다. 이것은 논리의 요소에 맞추어 생각과 자료를 배치해 설득력 있는 메시지를 개발하는 프레임워크이자, 글쓰기에서 가장 중요한 작업인 쓸거리를 기획하는 데 필요한 과정을 압축해 놓은 발상 기법입니다. 그래서 이 도구를 활용하면 상대방에게 핵심을 빠르게 전달하고 자신이 원하는 방향으로 영향을 미치는 글을 쓸 수 있습니다.

하버드생이 가장 먼저, 가장 중요하게 배우는 것

현대카드에서는 파워포인트를 사용하지 못합니다. 파워포인트가 불통과 먹통을 초래하는 원흉이라고 여기기 때문입니다. 부서별 임원들이 업무를 보고하는 시간도 없습니다. 대신 구두나 이메일로 보고합니다. 의사 결정을 빠르고 효율적으로 하기 위해서입니다.

세계 최고의 인터넷 기업인 아마존에서도 임원 회의 때 파워포인트를 쓰지 못합니다. 회의 자료는 6쪽짜리 서술형 문서여야 합니다. 그래야만 구체적이고 명료하게 사고하고 결정할 수 있다는 최고 경영자의 신념 때문입니다.

이 두 기업이 임직원에게 요구하는 소통 방식에는 핵심을 빠르게 전달하는 사고 능력과 글쓰기 기술이 필요합니다. 한때 그저 튀는 기업 문화로 거론되던 이런 소통 방식이 지금은 기업이 살아남는 방법으로 벤치마킹되고 있습니다. 우리나라는 2018년 7월 1일부터 주 52시간 근무제를 시행했습니다. 이 때문에 직장인들은 더욱 빠르고 정확한 의사소통 능력을 요구받습니다. 논리정연하게 생각해서 상대방에게 핵심을 빨리 전달하는 글쓰기 기술은 회사에서 주목받거나 떠나야 할 기준으로 자리 잡을 듯합니다.

이 책은 여느 글쓰기 책과 다르게 '쓸거리'에 집중했습니다. 하버드생이 글쓰기 수업에서 제일 먼저, 제일 중요하게 배우는 것이 쓸거리를 만들기 위한 아이디어 벼리기입니다. 글쓰기와 관련한 문제는 대부분 쓸거리가 없거나 메시지가 분명하지 않은 데서 옵니다. 오레오 공식을 활용해 논리정연한 메시지를 개발하는 방법에 숙달하면 '쓰기'는 더 이상 문제가 아닙니다.

이 책에서는 오레오 공식으로 개발한 쓸거리를 하버드생처럼 일리 있고 조리 있게 글로 전달하는 방법도 배웁니다. 여기에서 글쓰기의 두 가지 영역인 '쓸거리 만들기'와 '전달하기'를 배우고 나면 곧 하버드생처럼 상대방에게 핵심을 빠르게 전달하여 원하는 것을 얻어 내는 글쓰기가 가능해집니다. 그리고 이를 글을 써야 하는 모든 상황에 적용하고 성과를 올릴 수 있습니다.

오레오 공식은 3가지 특징을 자랑합니다.

① 효용성

오레오 공식은 비판적이고 논리적으로 생각하도록 돕습니다. 그 결과 설득력 있는 글을 쓸 수 있습니다. 아울러 어떤 경우에서든 논리정연하게 생각하는 변화를 경험합니다.

② 경제성

오레오 공식으로 핵심을 빠르게 전달하는 메시지를 만들 수 있습니다. 쓸거리만 마련하면 글쓰기는 문제도 아닙니다. 이로써 생각과 표현을 낭비하지 않으면서 설득하고 소통하는 스마트 워킹이 가능합니다.

③ 범용성

오레오 공식을 사용할 줄 알면 글쓰기를 종류별로 일일이 배우지 않아도 됩니다. 오레오 공식으로 말과 글, TED 같은 강연, 프레젠테이션, 미팅, 협상 등 업무와 비즈니스에 필요한 설득력 있는 메시지를 쉽고 간단하게 만들 수 있습니다.

오레오 공식은 글쓰기 능력을 이렇게 향상시킵니다.

오레오 공식(O.R.E.O.) → 듣기·말하기·읽기·쓰기 능력을 갖춘 논리적 사고력 함양 → 서술 능력 향상(이기는 글쓰기·직장인 글쓰기·마케팅 글쓰기·SNS 글쓰기)

이 책은 업무와 밥벌이에 글쓰기를 활용해야 하는 사람들, 일상에서 더 빨리 글 실력을 발휘하고 싶은 사람들을 위한 책입니다. 하버드대학교에서 가르치는 글쓰기 기술을 도구화한 '오레오 공식' 하나만 익히면 됩니다. 그러면 보고서, 기획서, 제안서부터 프레젠테이션 자료, 이메일, 보도 자료, 연설문까지 비즈니스에 수반되는 다양한 글을 거뜬히 쓸 수 있습니다. 또한 블로그 포스트, 웹 콘텐츠, 링크드인 프로필, 소셜 미디어 타임라인 등 직업인의 성공을 좌우하는 글도 얼마든지 쉽고 빠르게 쓸 수 있습니다. 오레오 공식을 자유자재로 다루게 되면 당신은 작가처럼 쓸 수 있고 기자처럼 설득할 수 있습니다. 시간과 주의력이 빈곤한 시대에 사람들에게 핵심을 빠르게 전하고 당신이 원하는 성과와 성공을 빠르게 얻을 것입니다.

저는 2009년부터 하버드식 글쓰기 수업을 진행하며 글쓰기에 발목 잡혀 고생하는 사람들에게 오레오 공식 사용법을 알려드렸습니다. 그 결과 그분들은 어떤 글이든 잘 쓰게 되었습니다.

문서 작성 능력으로 사고력을 검증받는 직장인
온라인에서 전문성을 소문내야 하는 전문 직업인

온라인에서 고객을 유인해야 하는 소상공인

자기소개서 한 줄 한 줄 피를 찍어 쓰는 취업 준비생

혼자 먹고사는 기술로써 글쓰기가 절실한 퇴사 준비생

승진과 연봉을 위해 서술 시험을 대비하는 중견 직장인

모든 사업 영역에서 혼자 일하는 1인 사업자

회사 홈페이지에서 고객 불만을 응대하는 콜센터 담당자

글을 잘 쓰고 싶지만 맞춤법과 띄어쓰기를 배우느라 진이 다 빠진 분까지

이제 당신의 차례입니다. 하버드생이 4년간 학비로 20만 불이 넘는 돈을 들이며 배우는 글 잘 쓰는 비밀, 150년간 전해 내려온 하버드대학교의 글쓰기 비법을 이 책 한 권으로 배워 보세요. 그리하여 하버드 출신처럼 자신의 생각을 사람들에게 당당하게 전달하고 설득하여 원하는 바를 빠르게 얻는 소통의 달인이 되길 바랍니다.

미국인 최초로 노벨 문학상을 탄 싱클레어 루이스가 모교인 하버드대학교에서 초청 강연을 할 때, 청중은 그가 한 말에 아연실색했습니다. 대체 무슨 말이었을까요?

이 책이 끝나는 페이지에서 답을 알려드립니다.

• 목차 •

제1강
왜 하버드대학교는
글쓰기에 매달릴까?

제2강

어떻게 잘 읽히는 글을 쓸까?

제3강

어떻게 논리정연한 글을 쓸까?

제6강

어떻게
글쓰기 실력을 키울까?

부록

쓰기와 생각은 불가분의 관계이고
좋은 생각에는 좋은 글쓰기가 필요하다.

_하버드대학교

왜 하버드대학교는 글쓰기에 매달릴까?

어떤 내용을 일리 있고 조리 있게 쓸 줄 알면
상대가 단번에 알아듣도록 논리정연하게 말할 줄도 압니다.
글쓰기라는 것이 종류는 많아도 이 하나가 핵심이자 전부거든요.
'핵심을 빠르게 전달하여 내가 원하는 반응 끌어내기.'

150년 하버드 글쓰기 비법

기업가들이
지목한
'이 시대의 인재 1순위'

'위드 코로나 시대에는 어떤 사람이 잘나갈까?'

코로나19 팬데믹이 소환한 변덕스럽고, 확실한 것이 없으며 복잡하고 모호한 뷰카(VUCA: Volatility, Uncertainty, Complexity, Ambiguity의 줄임말) 상황의 절정에서는 끊임없이 새로운 표준, 뉴노멀을 만들어야 합니다. 이런 시대에 잘나가는 사람은 누구일까요?

성공한 벤처 사업가 제임스 프리드에 따르면 위드 코로나 시대에 가장 잘나가는 사람은 '작가'입니다. 출퇴근과 원격 근무, 재택근무가 결합된 하이브리드 워크에서 조직의 생산성을 좌우하는 요인은 구성원 간의 소통인데, 작가는 소통의 달인이기 때문이지요. 제임스 프리드는 전 직군의 조직에서 심지어 개발자에게까지 글 쓰는 기술은 경쟁력의 일부라며 직원들에게 글쓰기를 가르치기보다 작가를 채용하는 것이 훨씬 남는 장사라고 강조합니다. 글을 잘 쓰는 사람은 명료하게 생각하고 공감 어린 소통을 하며 불필요한 것을 덜어 내는 편집 능력도 뛰어나기 때문에 일터에서, 조직에서 환영받을 수밖에 없다고 합니다.

기획이나 마케팅 직무군에서 작가는 더욱더 잘 쓰입니다. 보도 자료와 상품 소개글을 쓸 때 간결하면서도 정확하게 쓰고 그러면서도 매혹적으로 어필하면 소비자에게 잘 먹히고 잘 팔리고 잘 통하니까요. 그래서 디지털 마케팅 전문가 마크 쉐페도 이렇게 말합니다.

"내가 기업에서 채용을 담당한다면 센스 있는 작가를 뽑을 것이다."

위드 코로나 시대에는 어떤 사람이 잘나갈까요? 답은 이렇습니다.
'작가적 소양을 갖춘 사람.'

작가는 우리나라 채용 시장에서도 이미 블루칩입니다. 가령 증권 회사에서도 기자와 소설가를 뽑습니다. 한화증권은 고객들에게 전달되는 연구원들의 보고서를 읽기 쉽게 수정하는 일을 글 잘 쓰는 사람을 따로 뽑아 맡겼습니다. 채용 시장에서 자기소개서의 비중이 갈수록 커지는 이유가 바로 여기에 있습니다. 준비된 작가를 뽑을 수 없다면 최소한 작가적 소양을 갖추었다고 짐작되는 이를 선발해야 하는데, 자기소개서는 이런 능력을 살피는 데 제격입니다. 승진 시험에서 에세이를 쓰게 하고 소셜 미디어로 인재를 발굴하는 방식도 작가를 뽑거나 작가처럼 글을 잘 쓰는 이를 뽑기 위해서입니다.

팬데믹으로 촉발된 온라인화는 작가의 세상이나 다름없습니다. 온라인으로 알려지고 팔리는 모든 제품과 서비스는 콘텐츠로 만들어져야 합니다. 모든 콘텐츠는 텍스트, 즉 글쓰기로 초안을 만들지요. 디지털 시대에는 글을 쓸 줄 모르면 밥 먹고 살기가 힘듭니다. 디지털 시대에서 글쓰기는 생계 수단이며 먹고살려면 모든 사람은 생계형 글쓰기에 능한 작가가 돼야 합니다.

세상의 모든 글은 두 종류로 나뉜다
일 잘하는 글, 일 망치는 글

일상이 코로나19의 이전으로 돌아갈 수 없듯, 일 또한 코로나19 이전으로 돌아갈 수 없습니다. 아니, 더 이상 일하는 방식은 중요하지 않습니다. 맡은 일에 요구되는 만큼 아웃풋을 내는 것만이 최선일 뿐 거기에 들인 시간이나 노력은 중요하지 않습니다. 그렇기 때문에 효율적이고 성과 지향적인 소통이 관건입니다.

지금은 많은 기업에서 결재 문서 대신 5줄 내외의 메신저로 보고를 대체합니다. 긴 글은 읽히지 않아 피드백을 받지 못하고 묻히지요. 하이브리드 시대의 소통은 온라인 중심이며 온라인 소통은 온라인 중심의 텍스트가 기반입니다. 어떤 환경에서든 잘나가는 인재는 반드시 글을 잘 씁니다. 상대방에게 핵심을 빠르게 전달하여 의도한 결과를 빨리 빨리 얻어 냅니다. 이렇게 일하는 사람을 프로페셔널이라 하지요. 글을 잘 쓰는 사람이라 하여 다 프로페셔널은 아니지만 프로페셔널은 글을 잘 씁니다. 그들의 생계가 글쓰기에 달렸기 때문입니다.

프로페셔널하게 글을 쓴다는 것은 '글이 일하게 만든다'는 것입니다. 문서든, 인트라넷 게시판에 올린 글이든, 메신저든, 전하는 바가 길든 짧든 자신이 의도한 대로 원하는 방향으로 상대를 움직일 수 있다면 그 글은 일을 한 것입니다. 반대로 글을 썼으나 의도한 결과가 나오지 않고 상대를 자신이 원하는 방향으로 행동하도록 못했다면 일을 망친 것입니다. 프로페셔널하게 쓴 글은 상사, 결재권자를 포함해서 글을 읽는 독자 고객을 의도한 방향으로 움직이도록 만듭니다. 독자가 읽게 만들고 무엇이든 하게 만드는 글쓰기, 이것이 바로 프로페셔널 라이팅입니다. 소통 전쟁의 전사이자 그의 필살 무기이죠.

프로페셔널 라이팅은 정보 콘텐츠를 생산하는 도구입니다. 그래서 이 도구를 자신의 것으로 만든다면 현업을 수행하는 데 요구되는 기획서, 보고서, 사업 제안서, 홍보 인쇄물, 세일즈, 광고 홍보, 마케팅 문안 등 공적인 정보 콘텐츠와 소셜 미디어, 책 쓰기 등 사적인 정보 콘텐츠 생산이 능숙해집니다.

결론적으로 세상에는 딱 2가지 글쓰기가 있을 뿐입니다. '일하는 글 쓰기'와 '일을 망치는 글쓰기'. 프로페셔널은 일하는 글을 씁니다. 글로

써 의도한 대로 원하는 대로 결과와 성과를 냅니다. 무엇보다 그들은 글을 쉽게 씁니다. 이제 글쓰기는 당신 분야에서 대체 불가능한 능력, NFT(Non-Fungible Talent)를 상징합니다.

5500년 만에 되찾은
소통의 원칙과
머레이비언 법칙의 종언

SNS 유행이 블로그에서 유튜브로, 페이스북에서 인스타그램으로 전환될 때 나는 내가 하는 일 '쓰거나 쓰게 하거나'의 수명이 다 되었나 하는 염려가 컸습니다. 하지만 글을 잘 쓰게 돕는 내 일의 수요는 오히려 늘었습니다. 유튜브에 올릴 영상의 제목을 만들고 대본을 작성하는 것은 모두 글쓰기의 영역이고 인스타그램에 올리는 사진과 영상을 돋보이게 하려면 글쓰기 기술이 필요했습니다.

코로나 쇼크로 근무 방식이 대면과 비대면으로 널을 뛰면서 업무의 효율성과 생산성을 높이려는 기업들이 온라인 협업 툴을 속속 도입했지요. 줌이니 노션이니 슬랙이니 하는 도구들이 동원되는 것을 보며,

또 보고서를 없애느니 모바일로 보고를 끝내느니 하는 변화를 목격하며 나는 또 한 번 위기를 느꼈습니다. 이제야말로 글쓰기는 뒷전인가 했습니다. 이번에도 내 짐작은 틀렸습니다. 코로나 쇼크 3년 차에 접어들며 기업들은 묻어 두었던 글쓰기 교육을 다시 요청했습니다. 보고든 연락이든 회의든 협업을 위한 일련의 작업이 구성원 개개인의 소통 능력에 달렸음을 더 실감했기 때문이라 했습니다. 비대면이 표준이 된 원격 근무 시대에 글쓰기 능력이 주목을 받는 것은 온라인 소통이 어떤 툴을 이용하든 텍스트와 문서를 기반으로 하기 때문입니다.

의사소통의 중요성을 이야기하는 사람들이 빠뜨리지 않고 언급하는 것이 머레이비언의 법칙입니다. '메시지 자체보다 메시지를 전달하는 방식이 더욱 중요하다'는 요지로 표정, 말투, 외모, 목소리 등 비언어적 요소가 언어보다 훨씬 힘이 세다고 주장하는 법칙이지요. 그동안은 과연 그랬습니다. 이메일보다는 전화로, 보고서보다는 직접 쫓아가 의견을 건네면 더 잘 통했습니다. 강의 내용보다 현장에서 청중을 유머와 말발로 장악하는 강사가 유능하다고 인정받았습니다. 코로나19 직전까지만 해도 그랬습니다.

그런데 이제 세상이 변했습니다. 가능한 한 만나지 말라고 합니다. 일도 만나지 말고 처리하라 합니다. 이는 머레이비언의 법칙이 그 효과가 다했다는 의미입니다. 이런 변화의 추세는 무슨 일에서든 핵심을 빠르게 전달하는 소통이 가장 중요하다는 것을 역설합니다. 코로나19로

소통의 원칙을 되찾게 된 것입니다. 재레드 다이아몬드 미국 캘리포니아대 교수는 "약 5500년 전 서남아시아에서 시작된 글쓰기가 발전하면서 비대면 접촉이 대면 접촉을 대체했다"라고 짚어 줍니다. 그렇습니다. 코로나19로 인해 5500년씩이나 된 비대면 소통의 중요성이 급격히 대두되었습니다. 그래서 나는 글쓰기를 '의사소통 부문의 바퀴벌레'라 부릅니다.

어떤 변화에도 필수적인 능력과 그 능력을 기르는 단 하나의 기술

업무 수행에 필수 불가결한 요소를 미션 크리티컬이라 합니다. 가령 온라인 쇼핑몰 회사에서는 통신 시스템이 미션 크리티컬입니다. 미션 크리티컬이 제대로 작동되지 않거나 파괴되면 업무 전체에 치명적인 영향을 미쳐 일이나 조직에 큰 화를 가져올 수 있지요. 팬데믹으로 경험했듯 어떤 전대미문의 상황이 닥치더라도 우리에게는 문제를 해결하여 의도한 결과와 원하는 성과를 내는 능력이 절실히 요구되는데, 이러한 논리적 사고 역량은 논리적 글쓰기로 길러집니다.

하버드대학이 논리적 글쓰기를 가르쳐 온 150년 동안 미국과 세계가 어떤 어려움을 겪고 어떻게 요동치고 환골탈태했는가를 우리는 잘 압니다. 하버드대학은 어떤 상황에서도 리더의 역할을 잘 해내는 데 필요한 논리적 사고력을 습득하도록 글쓰기를 가르쳤습니다. 하버드대학보다 더 유명해진 온라인 대학 미네르바의 목표는 아직 생기지 않은 직업에도 적응하는 인재 키우기인데, 이를 위해 집중적으로 가르치는 것이 바로 사고 능력입니다. 이 논리정연하게 생각하고 소통하고 문제를 해결하는 사고 능력은 글쓰기로만 배울 수 있습니다. 논리적 글쓰기를 통해 생각하는 힘이라는 자산을 만들고 지키고 키울 수 있습니다.

읽고 생각하고 쓰기라는 지적 영역에서 논리적 글쓰기는 최상위 기술입니다. 글을 논리적으로 잘 쓰면 논리정연한 사고력이 길러지고 읽기도 자연히 잘하게 됩니다. 즉 논리적 글쓰기는 메타 스킬입니다. 메타 스킬은 다른 스킬을 확장하고 활성화하는 마스터급 기술을 말합니다. 일을 체계적으로 진행하고 전하고자 하는 바의 핵심을 빠르게 전달하여 소통하고 문제를 해결하며 성과를 내는 이런 논리적인 사고 능력은 바로 그가 쓴 글로 입증됩니다. 또한 논리적 글쓰기로 길러집니다. 어느 일에서나 탁월함을 인정받는 사람은 일 자체에 대한 능력뿐 아니라 의사소통 방법이나 자기 관리 노하우 등의 기술로 자신의 능력을 어필합니다. 논리적으로 글을 쓰면 유능함을 단번에 인정받습니다.

미국에서
가장 오래된 학교의
가장 오래된 목표

한 경제 신문에 실린 〈하버드·MIT 졸업생의 고백〉이라는 칼럼 한 편이 SNS에서 크게 회자된 적이 있습니다. 칼럼은 저명한 두 대학교에서 졸업생들의 입김으로 교내에 글쓰기 센터가 설치되거나 글쓰기 교육이 강화됐다는 내용입니다. 하버드대학교와 MIT뿐이 아닙니다. 미국과 유럽의 유서 깊고 명망 높은 대학들은 학생들이 비판적이고 논리적으로 생각을 펼치도록 글쓰기 수업을 맹렬하게 진행하는데요. 어떤 내용이든 논리적으로 생각하고 일목요연하게 표현해 상대를 설득하는 방법을 가르칩니다.

이 중 하버드대학교의 글쓰기 센터는 무려 150년이라는 역사를 자랑합니다. 여기에서는 학생들에게 수업에서 배운 대로 글을 쓰게 합니다. 쓴 글은 피드백 받게 하고 피드백 받은 글은 고쳐 써서 완성토록 합니다. 학생들은 이 과정을 끊임없이 반복해 글을 잘 쓰는 능력을 체득합니다. 하버드대학교의 명성은 글쓰기 교육에서 나왔다고 해도 과언이 아닙니다.

"미국 대학들의 목표는 학생들을 설득력 있는 사람으로 만드는 것이며 이 과정에서 가장 중요한 과목은 글쓰기입니다."

하버드대학교에서 티칭 펠로우로 1년간 학부 학생들을 가르쳤던 이용규 목사가 학교 측으로부터 들은 첫마디입니다. 이 한마디가 하버드대학교를 포함한 그 저명한 대학들이 그토록 글쓰기 교육에 목매는 이유입니다.

하버드에서 법을 전공하는 학생은 법조문과 사례로 자신의 주장이 진실에 더 가깝다고 설득하는 훈련을, 경영학을 전공하는 학생은 프레젠테이션과 통계 자료, 사례와 이론으로 자신의 아이디어가 더 뛰어나다고 설득하는 훈련을 글쓰기 수업에서 받습니다. 모든 학생은 과제로 수없이 많은 리포트를 쓰면서 수업에서 배운 것을 자신의 것으로 만들어 갑니다. 하버드대학교가 글쓰기로 도달하려는 궁극의 목표를 이용규 목사는 이렇게 말합니다.

"하버드대학교에서는 글쓰기와 토론 능력이 좋은 학생이 높은 학점을 받습니다. 결국 학부 교육에서 얼마나 글을 깊이 있게, 분석적으로,

많이 읽는지가 성패를 좌우한다는 뜻입니다. 미국 대학들에서 중요하게 여기는 점은 얼마나 많이 배우고 공부하는지가 아니라 얼마나 창의적이면서 논리적으로 생각하고 표현하는 능력을 갖추는지입니다."

왜 논리력, 창의력, 문제 해결 능력을 글쓰기로 기르라고 할까?

보고서를 잘 쓰는 사람은 프레젠테이션도 잘합니다. 프레젠테이션을 잘하는 사람은 이메일도 잘 쓰고, 이메일을 잘 쓰는 사람은 에세이도 잘 씁니다. 요컨대 어떤 내용을 일리 있고 조리 있게 쓸 줄 알면 상대가 단번에 알아듣도록 논리정연하게 말할 줄도 압니다. 글쓰기라는 것이 종류는 많아도 이 하나가 핵심이자 전부거든요.

'핵심을 빠르게 전달하여 내가 원하는 반응 끌어내기.'

소통을 잘하는 사람들의 공통점은 '논리적으로 생각하는 능력을 갖추었다'는 것입니다. 논리는 모든 사고의 기본이자 소통의 기반이며 사회성의 기초입니다. 하버드대학교가 치열하게 글쓰기를 가르치는 이유도 학생들에게 자신의 생각을 상대방에게 설득할 수 있는 논리적 사고력을 길러 주기 위해서입니다. 하버드대학교에서 글쓰기를 가르치는 낸시 소머스 교수는 하버드가 글쓰기 교육에 이토록 매진하는 이유를 이렇게 정리합니다.

"하버드는 논리적으로 생각하는 인재를 양성하기 위해 글쓰기를 가르칩니다. 논리적으로 글을 쓰는 능력이 있으면 단순히 학습 효과가 높아지는 정도를 뛰어넘어 능동적이고 논리적인 사고를 지닌 사회인으로서의 덕목을 실현할 수 있습니다. 생각을 탄생시키는 논리적 글쓰기 능력은 학문의 내용에 국한되지 않고 사회 전 분야에서 꼭 필요한 과제입니다."

글을 쓰려면 다양하게 많이 생각해야 합니다. 그러면 자신의 생각을 어떻게 정리해서 전달해야 효과적일지 연구하게 됩니다. 여기에는 읽는 사람을 고려해야 하므로 상대의 입장까지 아우르는 과정이 필수입니다. 일상적으로 글을 쓰고 이런 연구 과정을 반복하다 보면 소통 능력이 개발되고 대인 관계도 좋아집니다.

잘나가는 기업들은 국내외를 막론하고 모든 것이 불확실한 시대에 기업을 선도할 인재를 뽑기 위해서 창의력을 평가합니다. 창의력은 의사소통, 협동심, 비판적 사고가 토대인데, 이런 소양은 논리적 사고에서 옵니다. OECD는 대학에서 기본으로 배워야 할 핵심 능력으로 비판적 사고력, 분석적 추론력, 문제 해결 능력 그리고 글쓰기를 통한 의사소통 능력을 지정했습니다. 이 4가지 능력의 바탕 또한 논리적 사고력입니다.

그렇다면 왜 글쓰기일까요? 어째서 하버드대학교는 논리력, 판단력, 설득력 같은 사고 능력을 기르는 데 글쓰기를 사용할까요? 하버드의 대답은 간단명료합니다.

"쓰기와 생각은 불가분의 관계이고, 좋은 생각에는 좋은 글쓰기가 필요합니다."

하버드에 들어가면 가장 먼저 글쓰기를 배우는 이유, 그러니까 하버드에서 학생들에게 글쓰기부터 가르치는 이유를 통해 우리는 이 점을 알아야 합니다. 탁월한 설득력을 지닌 리더가 되기 위해서는 그런 설득이 가능한 사고, 즉 융합적인 사고력을 계발해야 하며 이런 고차원의 사고는 글쓰기로 기를 수 있다는 것을요. 훌륭한 생각에는 훌륭한 글쓰기가 필요하고 글쓰기와 사고력은 떼려야 뗄 수 없는 관계이기 때문에 말입니다.

하버드대학교에서 글쓰기 수업을 총괄하는 토마스 젠 교수도 "사고력은 글쓰기로만 기를 수 있습니다"라고 단언하며 글을 쓰면 생각을 명료하게 정리하고 표현하는 능력을 키울 수 있다고 강조합니다. 또한 머릿속에서만 굴리면 불가능한 논리적 검증도 글쓰기로 가능하다고 말합니다.

2018년 노벨 경제학상을 공동 수상한 세계적인 창의성 전문가인 뉴욕대학교 폴 로머 교수는 "창의력을 키우려면 글쓰기가 중요합니다"라고 역설합니다. 글을 쓰면 머릿속에서만 맴돌던 모호한 생각을 구조적으로 정교하고 치밀하게 만들 수 있기 때문이라고 말입니다.

아마존 창업자이자 세계 최고 부자로 등극한 제프리 베이조스 회장은 "글쓰기가 사고력을 개발하는 데 전부다"라고 단언합니다. 자신의 생각을 완전한 문장이나 완결된 단락으로 표현하려면 더 깊고 체계적으로 생각해야 하는데, 수치나 요점을 정리한 개조식 문장보다 서술 구조를 제대로 갖춘 글을 쓸 때 내용을 더욱 폭넓고 깊게 생각하게 된다고 말입니다.

하버드생이 졸업할 때까지 쓰는 글의 무게, 50킬로그램

    하버드대학교에 입학하려면 합격률 5퍼센트 내외라는 벽을 넘어야 합니다. 여기에서 당락을 가르는 중요한 잣대가 '에세이'라고 불리는 글쓰기입니다. 자기 생각을 담은 에세이는 학교가 원하는 학생인지 판단하는 기준도 됩니다. 하버드에 들어가려는 학생들은 거의 입학 자격시험에서 만점에 가까운 점수를 받기 때문에 에세이 점수로 합격 여부가 결정되는 경우가 많습니다. 하버드대학교의 입학심사교수협의회 상임위원을 지낸 낸시 소머스 교수는 힘주어 말합니다.

    "글로 자신을 강하게 어필할 수 있는 능력은 미국 명문 대학교에서 가장 중요하게 여기는 관문입니다. 그래서 지원자에게 에세이는 고만고

만한 지원자들과 차이를 벌리는 결정적인 기회입니다."

하버드대학교에 입학했다면 그 사람은 글쓰기 실력을 인정받았음이나 다름없지만, 신입생들은 입학 후 1년 동안 본격적으로 글쓰기를 배웁니다. 10명에서 15명씩 소규모 그룹으로 진행하는 글쓰기 수업은 물론 글쓰기 이외의 모든 수업에서도 학생들은 아이디어를 발상하고 전개하는 방법을 배우고 연습합니다. 그리고 이를 일일이 피드백 받으며 다듬는 과정을 반복합니다. 전공 분야별로는 전문 지식과 함께 논리적으로 사고하는 법과 생각을 표현하는 기술을 배웁니다. 이를 통해 학생들은 말하고 싶은 바를 설득력 있는 에세이나 논문으로 분명하게 표현하고 전달하는 능력을 갖추게 됩니다.

이 일련의 과정에서 쓸거리를 개발하는 기술과 상대방에게 전달하는 능력이 길러지면 과제로 자신만의 생각을 담은 꽤 긴 에세이를 완성해야 합니다. 배우고 쓰고 피드백 받고 고쳐 쓰는 과정을 반복하며 하버드생이 졸업할 때까지 써내는 글은 얼마나 될까요? 종이 무게로 50킬로그램이나 된다고 합니다.

하버드대학교는 1872년부터 신입생들에게 글쓰기를 가르치기 시작하여 150년 동안이나 수업 내용을 업그레이드해 왔습니다. 지금은 '논증적 글쓰기'라는 과목명으로 전문적인 글쓰기 프로그램을 운영합니다. 하버드대학교가 운영하는 글쓰기 센터 홈페이지에는 신입생이 배워야 할 필수 과정부터 심화 과정까지 글쓰기 교과 과정을 상세하게 설명해 두었습니다.

글쓰기 센터는 학생들이 글쓰기 단계별로 필수적인 지식과 기술을 배우고 연습하여 체득하게끔 정교하게 설계된 프로그램을 운영하는데요. 하버드대학교 입시를 위해 준비하던 개인적인 글쓰기에서 학업에 필요한 분석적 글쓰기로 전환하는 과정을 거칩니다. 궁극적으로 학교에서 핵심적으로 가르치는 논증적 글쓰기에까지 이릅니다. 이렇게 학교는 더욱 복잡하고 전문적인 글쓰기에 학생들이 자신만만하게 접근하도록 돕습니다. 그러면 집요하게 글쓰기를 배운 하버드생들은 어떻게 변화할까요? 하버드대학교에서 철학을 전공한 첼리스트 장한나는 이렇게 말했습니다.

"학생 각자는 세계의 어떤 문제와 논점에도 종합적 위치에서 자신만의 조감도를 가질 수 있게 됩니다. 세계를 이끌어 나가는 리더로서 판단력을 갖춘 가운데 개개인의 삶, 나아가 인류의 삶을 풍요롭게 영위할 수 있도록 영향력을 행사하는 종합적 지식인을 배출하고자 미국의 명문 대학교들은 끊임없이 노력을 기울입니다."

하버드생이 글쓰기 훈련으로 얻는 7가지 능력

하버드대학교의 글쓰기 수업은 학생들이 '무엇을 말해야 하는가'에 자신 있게 접근하도록 돕는 데 가장 많은 힘을 쏟습니다. 이를 위해 교수진은 학생들에게 논쟁의 여지가 있는 강력한 주제를 뽑아내도록 이끕니다. 더불어 학생들이 아이디어로 주제를 구성하는 데 효과적인 전략, 자기 생각을 다른 사람들에게 전달하는 데 중요한 방식과 기술도 전수합니다. 결과적으로 학생들이 하버드를 졸업할 때쯤에는 글쓰기 수업에서 7가지 능력을 얻게 됩니다.

① 논의의 출발이 되는 분석적인 질문이나 문제를 제시하는 능력
② 논리정연하게 주장을 구성하는 능력
③ 신중하게 검토된 근거로 주장을 증명하는 능력
④ 빌려온 자료를 책임감 있게 활용해 표절을 원천 봉쇄하는 능력
⑤ 상대가 빠르게 이해하도록 표현하고 전달하는 능력
⑥ 주장에 대한 이의를 예상하고 대응하는 능력
⑦ 설득력 있는 에세이와 논문을 작성하는 능력

입학하자마자 글쓰기 수업에 매달린 하버드생은 무슨 생각이든 명료하게 표현하고 전달할 줄 아는 '작가'가 되어 졸업합니다.

하버드대학교의 로빈 워드 교수는 하버드를 졸업한 40대 1,600여 명에게 물었습니다.
"하버드에 다니면서 어떤 수업이 가장 도움이 되었나요?"

이 질문에 응답자의 90퍼센트 이상이 "글쓰기 수업"이라고 답했습니다. 그리고 학교에서 혹독하게 글쓰기를 배우지 못했더라면 사회생활에서 더 큰 어려움을 겪었을 것이라고 덧붙였습니다. 하버드대학교 졸업생들은 나이가 들고 승진할수록 글쓰기 능력이 더 중요해짐을 절감한다며 무엇을 꿈꾸든 성공의 관건은 글쓰기라고 입을 모읍니다.

아마존, 마이크로소프트, 에어비앤비 회장들이 반드시 직접 하는 것

제이미 다이먼 JP모건 회장, 브라이언 체스키 에어비앤비 회장, 제프리 이멜트 전 GE회장, 제프 베이조스 아마존 창업자, 빌 게이츠 마이크로 소프트 창업자, 워런 버핏 세계 최고 투자가….

이 어마어마한 이름들의 공통점은 무엇일까요? 이들은 돈을 버는 데 세계적이고, 돈이 많기로 세계적이며, 분 단위로 시간을 쓸 만큼 바쁘기로도 세계적입니다. 그럼에도 불구하고 이들은 글을 직접 씁니다. 주주들에게 편지를 쓰거나 직원들에게 메일을 쓰거나 대중에게 에세이를 씁니다. 글쓰기로 경영 활동을 합니다. 이들쯤 되면 그런 글을 직원에게 쓰도록 시키거나 전문 비서나 보좌관이 대필해도 될 텐데 말입니다. 그들은 직접 글을 씁니다. 그래서 그들이 쓴 글은 주주에게 잘 먹히고 직원에게 잘 통하고 대중에게 잘 어필됩니다. 물론 이들은 초고만 쓰지요. 초고를 쓰면 전문가가 붙어서 유려하게 다듬어 완성합니다. 초고는 왜 직접 쓰냐고요? 무엇을 쓸지, 무엇을 말하고 싶은지는 말하려는 이가 가장 잘 알기 때문이지요. 초고부터 다른 이가 쓴다면 그 글은 글 쓴 사람의 생각일 뿐이니까요.

이들 말고도 소문난 경영자들은 글쓰기에 집착하는 경우가 많습니다. 경영자에게 경영을 하는 데 글쓰기가 매우 중요한 도구이기 때문이지요. 하버드대학교의 주장처럼 리더는 가치와 비전으로 공동체를 설득해야 합니다. 문제가 생겼을 때는 남다른 아이디어로 이를 해결해야 합니다. 이를 가능하게 하는 것이 논리적으로 생각하고 글로 쓰는 능력입니다.

글쓰기가 밥 먹여 준다, 글 쓰거나 떠나거나

기업들은 먹고사는 문제로 임직원이 글을 잘 써야 한다고 강조합니다. 성미가 급한 기업은 임직원이 글쓰기 역량을 개발하도록 애쓰는 단계를 뛰어넘어 아예 기자나 작가를 뽑습니다. 이들에게 업계의 일을 가르치는 것이 조직의 생산성을 높이는 데 훨씬 쉽고 빠른 길이라고 말입니다. 의사 결정이 속전속결로 이루어지지 않으면 도태되거나 멸종되기에 십상인 시대입니다. 이런 때에 명확한 글은 빠른 의사소통과 정확하며 구체적인 실행을 부릅니다. 그러므로 기업에서 원하는 일사불란한 보고와 행동 체계는 모두 글쓰기에서 시작한다고 해도 과언이 아닙니다.

취업 준비생들은 취업이라는 바늘구멍을 통과하기 위해 자기소개서를 잘 써야 하고, 직장인들은 회사에서 살아남기 위해 보고서를 잘 써야 합니다. 우리나라도 업무 시간이 점점 줄어듭니다. 앞으로 더욱 제한된 시간 동안 생산성을 최고로 올려야 하고, 그러려면 보고서 등 문서를 작성하느라 지체할 겨를이 없습니다. 직장인에게도 글쓰기는 생존을 담보하는 무기입니다.

소상공인들은 열에 여덟은 사라지는 경쟁의 장에서 살아남기 위해서 없는 시간을 쪼개 지친 손끝으로 글을 씁니다. 사업장이 어디에 있든 무엇을 팔든 중요한 정보는 소비자에게 검색되어야 합니다. 차고 넘치는 고만고만한 상품과 서비스 사이에서 선택받으려면 자신만의 가치와 철학을 보여 주는 글을 온라인에 써 남겨야 합니다.

이 밖에 지방 도시의 공인 중개사, 갓 개업한 학원의 원장, 약국의 약사, 법률 사무소의 변호사 등도 글을 써야 합니다. 이들에게는 글쓰기가 고상한 자기표현 방식이 아닙니다. 선택의 여지없이 살아남기 위해 강행해야 하는 수단입니다. 그래서 이분들은 장사와 영업, 업무를 마치고 늦은 밤이나 장사하기 전 새벽녘에 에세이를 써서 글쓰기 코치에게 피드백 받는 수업을 신청하기도 합니다. 그야말로 글쓰기가 밥 먹여 주는 시대입니다.

—
단 하나의 기술로 압축한
하버드대학교
글쓰기 수업

하버드대학교는 전략적이고 체계적이며 전문적인 글쓰기 수업을 합니다. 이를 통해 학생들이 논리적으로 생각하고 명료한 의사소통을 효과적으로 할 수 있는 능력을 길러 줍니다. 하버드대학교를 나오지 못한 우리는 밥벌이를 위해 따로 글쓰기에 매달려야 하지만 실상 그럴 수 없지요. 글쓰기 말고도 먹고살기 위해 당장 해야 할 일이 산더미이고 당장 해결해야 할 문제도 수두룩합니다. 글을 잘 쓰게 된다는 1만 가지 기술을 배우는 데만 매달릴 시간이 없습니다.

그래서 저는 하버드대학교가 학생들에게 4년 내내 가르치는 글쓰기 기술을 압축해 '1시간이면 배우는 하버드 글쓰기 비법'을 마련했습니다. 이 책을 읽는 1시간이면 익히는 단 한 가지 기술만으로 당신도 하버드생처럼 생각하고 쓸 수 있습니다. 이 단 한 가지는 '오레오(O.R.E.O.) 공식'이라고 이름 붙인 글쓰기 도구입니다. 이것을 활용해 쓸거리를 기획하고 메시지를 개발하여 효과적으로 자신의 생각을 전달할 수 있습니다. 그리하여 하버드생만큼 생각하고, 그들만큼 근사한 산문으로 생각을 전달할 수 있습니다. 또 1만 가지 종류의 글을 잘 쓸 수 있고, 결과적으로 하버드생처럼 각자가 원하는 성공을 손에 넣을 수 있습니다.

1가지 글쓰기 도구로 가능한
1만 가지의 글쓰기

저는 2002년부터 글쓰기 코치로 활동하면서 글쓰기 공부에 쓸 시간과 비용이 빠듯한 사람들이 어떻게 쉽고 빠르게 글쓰기 기술을 습득할 수 있을지를 고민했습니다. 상대방에게 핵심을 빠르게 전달하여 원하는 반응을 재빠르게 얻어 내는 글쓰기 도구인 오레오 공식은 이 오랜 고민의 결과물입니다. 이후 수없이 진행한 글쓰기 수업에서 여러 이유로 글쓰기를 배우는 다양한 계층의 필자들에게 이 기술을 전수했습니다. 더불어 하버드대학교에서 가르치는 글쓰기 수업의 핵심인 논리적 사고 능력을 개발하고 일리 있고 조리 있게 메시지를 전달하는 능력을 기르도록 했습니다.

오레오 공식을 활용한 하버드의 글쓰기 기술을 다방면에 적용하고

150년 하버드 글쓰기 비법

응용한 끝에 효과를 확인했고 가치를 확신했습니다. 하버드대학교에서 가르치는 글쓰기 기술을 요약한 오레오 공식, 이것만 배우고 나면 매력적인 아이디어를 내고 에세이로 전달하는 능력을 갖추게 됩니다. 그러면 저와 수업을 함께한 많은 사람처럼 언제, 어디에서, 무슨 일을 하든 자신의 의견을 똑 부러지게 글로 전할 수 있습니다. 그리고 원하는 것을 성취할 수 있습니다. 나아가 영향력을 발휘하는 삶을 살게 될 것입니다.

독자에게 내가 원하는 방향으로 영향을 미치는 글쓰기

핵심 메시지를 빠르게 전하는 글쓰기

쓸거리를 논리적으로 제시하는 글쓰기

독자에게 내가 원하는 바를 끌어내는 글쓰기

내용을 일리 있고 조리 있게 구성하는 글쓰기

읽고 싶게 읽기 쉽게 한눈에 잘 읽히는 글쓰기

쓰면서 배우고 배우면서 쓰는 몸이 기억하는 글쓰기

하버드생처럼 이 7가지 글쓰기 능력을 길러 보세요. 글쓰기가 어떻게 밥 먹여 주는지 실감해 보세요.

하버드는 논리적으로 생각하는 인재를 양성하기 위해 글쓰기를 가르친다.
논리적으로 글을 쓰는 능력이 있으면
단순히 학습 효과가 높아지는 정도를 뛰어넘어
능동적이고 논리적인 사고를 지닌 사회인으로서의 덕목을 실현할 수 있다.
생각을 탄생시키는 논리적 글쓰기 능력은
학문의 내용에 국한되지 않고 사회 전 분야에서 꼭 필요한 과제다.

_낸시 소머스(하버드대학교 글쓰기 교수)

어떻게
잘 읽히는
글을 쓸까?

독자가 쉽게 이해할 글을 쓰려면
논리적이고 짜임새 있게 메시지를 구성해야 합니다.
이것이 내용 자체보다 훨씬 중요합니다.
그래야 독자에게 원하는 반응을 재빨리 끌어낼 수 있으니까요.

150년 하버드 글쓰기 비법

—
힘 있는 글들의
공통점,
원칙부터 지켰다

1980년대 초, 남부 캘리포니아대학교의 스파크스 박사는 설득력 있는 글들의 공통점을 찾아보기로 했습니다. 그는 브리태니커사에서 출간한 《그레이트 북스》 60권 전집에서 논픽션 부문 작가들이 쓴 글의 패턴을 일일이 파악하고 비교해 마침내 답을 찾아냈습니다.

이 작가들의 작품은 하나같이 힘차고 설득력이 높았습니다. 핵심 내용을 먼저 제시하고 이를 세부 내용이 보완하여 뒷받침하는 형식이었지요. 스파크스 박사는 이 형식을 글을 잘 쓰기 위한 원칙으로 공표하고 '힘 있는 글쓰기'라고 이름 붙였습니다. 이 원칙은 총 4단계로 구성됩니다.

1단계: 핵심을 주장한다.

2단계: 주장에 이유와 근거를 제시한다.

3단계: 근거를 증명한다.

4단계: 핵심을 거듭 주장한다.

미국영어교사협의회는 스파크스 박사가 공표한 원칙을 받아들여 학생들에게 에세이 쓰기의 기본을 가르치기 시작했습니다. 이를 기점으로 '힘 있는 글쓰기'가 설득력 있게 말하고 쓰는 핵심 원칙으로 자리 잡았습니다. 힘 있는 글쓰기 4단계의 토대 역시 논리적 사고입니다. 논리적 사고는 맥킨지, 토요타, P&G 등 세계적인 기업에서 명쾌한 의사소통 문화를 도모하기 위해 도입한 핵심 수단입니다. 하버드대학교가 학생들에게 4년 내내 이 힘 있는 글쓰기의 원칙에서 출발한 글쓰기 방법을 가르치는 이유도 논리적 사고에 기반을 둔 의사소통 능력을 길러 주기 위해서지요.

전문가들이 입을 모아서 추천하고 기업들이 앞다투어 배우는 글쓰기의 원칙

스파크스 박사의 힘 있는 글쓰기의 원칙을 비롯하여 '글을 잘 쓰려면 이렇게 하라'며 글쓰기 교과서와 전문가들이 오랫동안 입을 모아 조언해 온 항목입니다.

'결론부터 써라.'

'핵심 생각을 명료하게 전달하라.'

'메시지를 단락으로 나누어 설득하라.'

'사례를 들어 납득되게 하라.'

'근거를 제시하여 믿게 하라.'

'원하는 바를 제안하라.'

　미국에서는 글쓰기의 목표를 '효과적인 의사 전달'에 둡니다. 그리고 한 사람에게 유치원 때부터 대학교까지, 사회에 진출한 후에도 일관되게 이 간단한 원칙을 가르칩니다.

　우리나라 기업과 관공서에는 이미 하버드식 글쓰기 바람이 불었습니다. 그 예로 서울시 강남구청은 2017년부터 해마다 직원 대상으로 '이기는 글쓰기' 프로그램을 시행하고 있습니다. 구청 직원 50명은 업무량이 만만치 않은데도 매주 3시간씩 6개월가량 글쓰기를 배웁니다. 제가 진행하는 이 수업도 핵심은 하버드생처럼 논리적으로 생각하고 전달하는 방법입니다. 이 소문을 들은 기업과 관공서들이 하버드식 글쓰기 수업을 요청하지요. '이기는 글쓰기'란 독자 입장에서 잘 읽히는 글을 말합니다. 그 반대인 말도 안 되고 읽히지도 않는 글은 '이기적인 글쓰기'라고 부릅니다.

—
쓸거리가 분명하면
쓰는 것은
문제도 아니다

글쓰기의 목표는 어떤 의도든, 무슨 내용이든 3가지입니다.

① 핵심을 전달한다.
② 빠르게 전달한다.
③ 원하는 반응을 얻는다.

이 목표를 위해 상대방에게 전달해야 할 핵심인 쓸거리를 마련하는 것이 가장 급하고 중요합니다. 쓸거리가 있으면 쓰는 것은 문제가 되지 않으니까요. 쓸거리가 없으면 쓰는 것은 문제조차 될 수 없습니다.

오랜 시간 글을 쓰며 밥 먹고, 20년이 넘는 시간 동안 글쓰기를 지도하며 제가 간파한 점이 있습니다. 글쓰기 때문에 겪는 곤란과 혼란의 원인은 대부분 '쓸거리가 분명하지 않아서'라는 것입니다. 글을 써도 써도 늘지 않는 이유는 단언컨대 쓸거리가 없거나, 쓸거리를 제대로 정리하지 못하거나, 쓸거리가 분명하지 않아서입니다. 쓰는 사람 자신이 무엇을 쓰는지도 모르면 이런저런 생각을 늘어놓아 봐야 결과는 횡설수설 중언부언입니다. 독자에게 전달할 내용을 미리 정리하지 않았으니 써 봤자 그 글이 읽힐 리 없습니다. 어디에선가 들은 내용, 읽은 내용, 기억나는 것들을 대충 얼기설기 짜깁기나 할 뿐입니다.

　쓸거리를 분명히 정했어도 논리적으로 짜임새 있는 메시지로 구성하지 못하면 결과는 마찬가지입니다. 글쓰기에서는 핵심을 콕 짚어 메시지로 만들어 낼 쓸거리를 준비하는 작업이 가장 중요합니다. 하버드대학교가 4년에 걸쳐 강제적이고 단계적으로 글쓰기 수업을 진행하며 두는 주안점 역시 쓸거리 개발입니다. 논리적으로 주장하고, 주장을 증명하는 내용으로 메시지를 구성하는 방법을 가장 먼저 가장 공들여 가르칩니다.

　하버드대학교의 글쓰기 수업에서 학생들은 글로 쓰려는 첫 생각을 전개해 메시지로 완성하는 방법을 먼저 배우고 이 작업을 연습합니다. 쓸거리를 개발하는 과정에서 수업을 같이하는 사람들과 전문가에게 피드백 받으며 쓸거리를 더욱 정교하게 다듬습니다. 이 과정을 여러 차례 거쳐 탄생하는 쓸거리는 논리적으로 탄탄하기 그지없습니다. 탄탄하게 만든 쓸거리를 독자에게 전달하는 작업은 힘들일 것 없는 후속 작업일 뿐입니다.

띄어쓰기와 비문을 고치는 것보다
먼저 해야 할 것

"첨삭은 안 해 주나요?"

제 글쓰기 수업에 참여하는 필자들이 자주 묻습니다. 대입용 논술 수업을 받았던 사람이 주로 이런 질문을 하는데요. 네, 저는 글쓰기 수업에서 웬만하면 첨삭을 해 드리지 않습니다. 왜냐하면 쓸거리부터 작업하는 글쓰기 과정을 제대로 배우면 첨삭 받아야 할 필요를 느끼지 못하거든요.

어떤 생각이든 문장으로 표현하기 전에 쓸거리를 확실하게 마련하면 표현상의 오류도 거의 없습니다. 핵심이 분명하고 줄거리가 탄탄하면 메시지를 문장으로 담아내는 데 어렵지 않기 때문입니다. 그러니 첨삭할 거리도 그리 없습니다. 빨간 펜으로 표시한 곳이 많다는 것은 글에 메시지가 없거나 분명하지 않다는 방증입니다. 자신이 무슨 말을 하고 싶은지 애매하거나 줄거리가 논리적이지 않다면 최고의 전문가가 첨삭하더라도 독자를 원하는 방향으로 움직이게 만드는 글이 되기란 불가능합니다.

이런 이유로 저 역시 글쓰기 수업에서 하버드생들이 받는 글쓰기 수업처럼 누구에게든 쓸거리를 명료하게 다듬는 데 주안점을 둡니다. 필자들이 써 온 글을 읽으며 독자는 누구일지, 그에게 전하려는 핵심이 무엇인지, 핵심에 맞게 메시지가 논리정연하게 구성되었는지를 먼저 살핍니다.

중국에서는 인플루언서를 '왕홍'이라고 합니다. 웨이보, 웨이신 등 SNS에서 팔로워가 50만 명 이상인 유명인사를 지칭하는 신조어인데요. 그들은 큰 인기를 발판으로 SNS상에서 사업을 많이 하고 있습니다. 그중 뤄전위라는 왕홍은 지식을 팔아 우리나라 돈으로 연 470억 원을 번다고 합니다. 그의 판매처는 자기 계발 앱입니다. 여기에서는 어떤 지식도 1분에서 3분짜리로 정리된 영상 자료로 볼 수 있습니다. 9시간짜리 강연도 1시간 분량으로 축약되어 올라갑니다. 뤄전위의 콘텐츠를 구매하는 사람은 연 810만 명에 달한다고 합니다. 그의 성공에 배 아픈 사람들이 이렇게 따진다지요.
"돼지가 의기양양하게 떠드는데, 전문가가 맞나?"

뤄전위는 "최소한 절반은 맞다"라며 자신의 전문성은 배운 것을 전달하는 능력이라고 당당하게 되받아칩니다. 몰랐던 것도 배워서 이해한 뒤 누구보다 쉽고 세세하게 전달할 수 있으면 이 또한 전문성이라는 게 그의 주장이지요.
아는 것이 힘인 시대에서 생각하는 것이 힘인 시대로 바뀌었습니다.

생각 하나에 온 세계가 돈을 내고 생각을 만든 사람은 초고속으로 세계 최고의 부자가 되는 시대입니다. 생각이 힘인 시대에는 생각 자체보다 생각을 전달하는 것이 더욱 중요합니다. 그러니까 지금은 전달력이 최고의 힘인 셈이지요. 남보다 많이 알고 남보다 더 뛰어난 생각을 해도 그것을 상대방의 눈높이에 맞추어서 전달하지 못하면, 원하는 반응을 끌어내지 못하면 안다는 것도 생각한 것도 무용지물입니다.

"글쓰기가 어려운 이유는 그저 글을 쓰는 것이 아니라 자신이 의도하는 글을 써야 하기 때문이며, 독자에게 그저 영향을 주는 정도가 아니라 엄밀하게 자신이 원하는 쪽으로 영향을 미쳐야 하기 때문이다."

《보물섬》을 쓴 로버트 루이스 스티븐스의 말입니다. 글쓰기가 단순히 쓰기가 아니라 전달하기라는 것을 이처럼 적절하게 표현할 수 있을까요? 글쓰기는 글을 써서 전달하는 행위입니다. '글'은 쓸거리이며 '쓰기'란 전달하는 행위입니다. 이렇게 인식하면 글쓰기가 왜 그토록 어려울 수밖에 없었는지 이해가 됩니다. 우리는 그동안 쓸거리는 외면한 채 전달하는 행위인 '쓰기'에만 전념했거든요. 전달할 거리도 없이 전달하니 그게 쉬울 리도 가능할 리도 없습니다. 내가 전달하고 싶은 내용을 독자가 빨리 이해하게 만드는 것이 전달력의 핵심입니다. 자신의 의도대로 독자를 움직여서 원하는 반응을 끌어내는 전달력을 가지려면 3가지 조건을 충족해야 합니다.

'무엇을 말하는지 분명히 할 것.'

'왜 말하는지 분명히 알게 할 것.'

'원하는 반응을 분명히 요청할 것.'

—
쓸거리를 만드는
논리적이고
과학적인 도구

장인에게는 그의 손에 익은 연장이 있습니다. 생각하는 일로 억대 연봉을 받는 일명 '생각의 고수'들, 세계적인 컨설턴트들은 자기만의 구조화된 생각과 프로세스가 있습니다. 그것으로 빠르고 정확하게 결과물을 만들어 고객을 설득합니다.

저도 글쓰기 수업을 하며 쓸거리를 만드느라 곤욕을 치르는 초보 필자들에게 연장을 쥐어 줍니다. 바로 '오레오(O.R.E.O.) 공식'이라는 도구를 사용하도록 가르치지요. 오레오 공식은 글쓰기 4단계의 각 첫 글자를 딴 이름입니다.

1단계: Opinion(의견 주장하기)

논리정연한 메시지를 만들기 위해 핵심 내용을 명료하게 다듬는 과정입니다.

2단계: Reason(이유 대기)

1단계에서 주장한 의견에 타당한 근거를 들어 증명하는 과정입니다. 이 단계에서 객관적인 수치로 의견이 증명되면 독자가 빠르게 설득됩니다.

3단계: Example(사례 들기)

예시와 사례로 증명에 쐐기를 박는 단계입니다. 이유와 근거가 이성에 호소하는 증명 방식이라면 예시와 사례는 독자의 마음에 어필하는 방식입니다.

4단계: Opinion(의견 강조하기)

독자에게 끌어내고자 한 반응을 촉구하는 내용을 담습니다. 이로써 핵심을 빠르게 전달하는 메시지 만들기가 완성됩니다.

이 순서대로 생각과 자료를 배열하고 배치하면 저절로 논리정연한 흐름이 완성됩니다. 오레오 공식을 쓰는 것만으로도 설득력 높은 쓸거리가 개발되고 독자를 논리적으로 설득하는 메시지를 만들어 낼 수 있습니다.

　오레오 공식으로 개발한 쓸거리는 핵심을 빠르게 전달해 내가 의도한 방향으로 독자를 움직일 수 있습니다. 즉 이것은 논리적으로 생각하고 설득력 있는 메시지를 만드는 프레임워크입니다. 이 또한 앞서 이야기한 스파크스 박사가 만든 힘 있는 글쓰기의 원칙에 기초합니다. 특정 결과를 내도록 구조화한 프로세스를 프레임워크라고 하는데요. 오레오 공식은 독자를 설득해서 내 주장을 관철하는 글쓰기에 특화된 프레임워크입니다. 이것은 생각을 중구난방으로 나열하지 않고 중요한 순서대로 논리적인 흐름에 맞게 생각하도록 돕습니다. 그리고 논리적 사고의 요소인 '결론, 이유, 근거'에 기초하여 쓸거리를 만듭니다.

내 글을 빈틈없이 구조화하는 글쓰기 프레임워크

　쓸거리는 글의 결론이자 필자의 의견을 주장하는 내용입니다. 그러므로 논리적인 설득력이 생명이지요. 독자를 설득하려면 쓸거리는 특정 의견을 주장하고 이를 탄탄한 논리로 증명하는 메시지 구조로 개발되어야 합니다. 논리가 탄탄하려면 이유와 근거가 의견에 직결되고 구체적이어야 합니다. 그 흐름에 비약이 있거나 빈곤해서는 곤란합니다. 주장은 독자가 '왜 그러는데?' 하고 묻기 전에 글에서 충분히 설명해야 하고, 근거는 독자가 '그래서 어쩌라고?' 하며 묻지 않도록 대야 합니다.

여기에 더해 주장을 실행하는 방법까지 제시해야 독자는 필자의 메시지에 100퍼센트 설득됩니다. 주장에 어떤 의문이나 반문, 반박, 질문도 없을 때 논리적으로 완벽한 메시지가 완성된 것입니다. 이렇게 글을 쓰면 어떤 내용이든 글 전반에 걸쳐 논리의 틀이 흐트러지지 않습니다.

오레오 공식을 활용하여 글을 쓰면 생각과 자료와 정보를 체계적으로 짜임새 있게 구성하고 수집한 자료들을 논리에 맞추어 조립하게 됩니다. 결과적으로 필요하지 않은 내용을 덜어 내고 메시지에 집중해 핵심을 빠르게 전달할 수 있습니다. 생각들의 관계를 파악하고 요소들이 논리에 맞게 갖추어졌는지 재빨리 파악할 수도 있습니다. 또한 어떤 종류의 글쓰기에서든 혼선을 예방하는 한편 경제적으로 생각하게 만듭니다. 그래서 무슨 말을 하는지도 모르고 글자만 쏟아 내는 아마추어 필자에게 더없이 소중한 도구입니다.

생각하기가 서툴고 생각을 글로 표현하기가 힘든, 숙련되지 못한 대다수는 이 요구들을 감당할 능력이 없습니다. 그래서 이렇게 말합니다. "글만 쓰려고 하면 머릿속부터 하얘져요."

총 4단계인 오레오 공식은 하나의 틀 안에 글을 잘 쓰기 위한 모든 조건이 포함되어 있습니다. 전문가들이 조언하는 글 잘 쓰는 비법이 이 글쓰기 도구 하나로 귀결됩니다. 논리적 사고를 기르기 위해 1만 가지의 방법과 1만 시간의 노력이 필요하다면 그 벽 앞에서 도전과 포기를 거듭하지만 말고 오레오 공식부터 사용하세요. 오레오 공식으로 메시지를 만들고 핵심을 빠르게 전달하는 글을 쓰면서 논리적으로 사고하는 능력이 저절로 길러집니다. 뇌 회로가 논리적으로 변하는 기적을 경험하게 됩니다.

ㅡ
처음부터 끝까지
흐름이 일관적인
개요 짜기

원하는 것을 얻는 방법에 관한 한 세계 최고의 전문가인 예일대학교 스튜어트 다이아몬드 교수는 소통에 성공하려면 내용보다 방식에 더 집중해야 한다고 조언합니다. 같은 내용이라도 메시지를 어떻게 구성하는지에 따라 그 전달력이 크게 차이가 나기 때문이라지요. 글쓰기도 딱 그렇습니다. 독자가 쉽게 이해할 글을 쓰려면 논리적이고 짜임새 있게 메시지를 구성해야 합니다. 이것이 내용 자체보다 훨씬 중요합니다. 그래야 독자에게 원하는 반응을 재빨리 끌어낼 수 있으니까요.

오레오 공식을 활용하면 쓸거리인 메시지를 논리정연하고 짜임새 있게 만들 수 있습니다. 비즈니스와 업무에 필요한 글쓰기, 마케팅에 필요한 글쓰기, 각 분야에서의 학문적 글쓰기, 소셜 미디어와 이메일과 칼럼 등 퍼스널 글쓰기에 이르기까지 어떤 글쓰기도 수월해집니다. 잘 짜인 메시지를 독자에게 전달하면 되니까요.

글을 잘 쓴다는 것은
생각을 잘한다는 것이다

글쓰기는 생각을 표현한 문장들을 연결해 의사를 전달하여 상대방과 통하는 일입니다. 제대로 배워 연습하고 단련하지 않으면 '생각하기'도 좀체 쉬워지지 않습니다. 보고서든, 이메일이든, 게시 글이든, 페이스북 피드든 글쓰기에서 가장 중요한 점은 쓸거리를 만들어 내는 개요 짜기입니다. 이를 인식하지 못하면 글쓰기는 평생 감당하기 어려운, 이번 생에는 망한 능력이라고 좌절하게 됩니다. 어떤 생각을 전하는 데 일리 있고 조리 있게 개요를 짜는 일은 참 어렵습니다.

개요를 만들면 생각이 핵심 위주로 구성됩니다. 그래서 생각을 요점 없이 장황하게 늘어놓지 않게 되고 알아듣기 쉽게 글을 쓸 수 있습니다. 즉 생각의 낭비를 막아 최종적으로 표현해야 할 내용에 집중할 수 있습니다.

이를 위해 하버드대학교에서 가르치는 핵심을 빠르게 전달하는 논리적 글쓰기를 근간으로 메시지를 발상하고 구성하는 방법인 오레오 공식을 이용하면 손쉽습니다. 전달하려는 내용의 개요를 잡아 핵심 위주로 간략하게 정리하며 설득력을 높이기 위한 다양한 자료를 짜임새 있게 구성할 수 있기 때문입니다. 그래서 논리의 흐름이 다른 곳으로 새지 않게 막고 이야기의 메시지에 집중하게끔 생각할 수 있습니다.

논리정연하고 설득력 높은 메시지의 구조

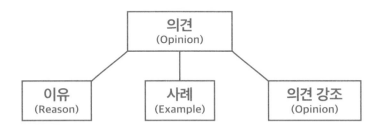

그림은 오레오 공식 4요소의 관계입니다. 의견은 메시지의 핵심입니다. 이런 구조를 완벽하게 갖출 때 논리정연하고 설득력 높은 메시지가 탄생합니다. 오레오 공식을 차례대로 밟기만 해도 생각과 정보를 논리적인 흐름으로 정리할 수 있습니다. 메시지를 완벽하게 만들고 나면 이를 전달하기란 매우 수월합니다.

오레오 공식은 어떤 과정을 거쳐 설득력 있는 글 한 편이 될까요? 간단히 정리하면 이러합니다.

① Opinion(의견 주장), Reason(이유), Example(사례), Opinion(의견 강조)에 해당하는 내용을 각 1줄씩 만듭니다.

② 각 1줄을 핵심 주제로 두고 여기에 세부 내용을 보태서 단락으로 만듭니다.

③ 각각 논리적으로 완결된 4개의 단락을 연결하면 글 한 편이 완성됩니다.

저는 글쓰기 수업에서 하버드의 비법이 담긴 오레오 공식을 활용하여 글을 쓰면 조직에서 요구하는 논리적인 사고 능력이 길러진다고 설명합니다. 그래서 업무와 일상에서 필요한 어떤 글도 논리정연하게 잘 쓸 수 있는 것은 물론 설득하는 소통력도 갖추게 됩니다.

쓸거리를 만드는
기적의
생각 공식

오레오 공식을 활용하여 한층 더 쉽게 쓸거리를 만드는 방법을 알려 드립니다. 'O.R.E.O.' 각 단계에 해당하는 생각을 한 문장씩 정리하는 것입니다. 한 문장으로 생각을 정리해 두면 문장이 문장을 부릅니다. 이때 지켜야 할 규칙이 하나 있습니다. 필요 성분을 모두 갖춘 완전한 문장으로 써야 합니다.

어느 회사에서 탄력 근무제를 회의 안건으로 내놓으려고 합니다. 임원진에게 공유할 보고서를 작성하기 위해 오레오 공식을 사용해서 안건을 다음과 같이 정리했다고 가정합시다.

Opinion(의견 주장하기)

출근 시간을 8시에서 10시로 조정

Reason(이유 대기)

애사심, 자부심 강화

Example(사례 들기)

주 52시간 근무제에 동참 회사 다수

Opinion(의견 강조하기)

10월 1일부터 시행, 8월 말 협의 완료

회사에서 쓰는 보고서가 이런 식이지요. 이렇게 정리한 방식이 작성한 사람에게는 간결해 보일지 몰라도 글을 읽는 사람에게는 내용이 모호합니다. 결국 보고 내용도 모호해집니다.

'누구의 출근 시간을 조정한다는 것인가요?'

'8월 말까지 완료하겠다는 협의는 누가 누구와 하는 건가요?'

이런 질문이 속출하는 보고서로는 빠르게 일을 진행하기가 불가능할 뿐더러 보고하는 사람이 일 처리가 두루뭉술하다고 오해를 받기가 일쑤입니다. 이번에는 필요 성분을 모두 갖춘 완전한 문장으로 정리해 볼까요?

Opinion(의견 주장하기)

우리 회사 직원들의 출근 시간을 8시에서 10시 사이로 본인이 정하게 한다.

Reason(이유 대기)

근무 시간을 조정함으로써 직원들이 회사에 애정과 자부심을 느끼게 한다.

Example(사례 들기)

작은 회사들도 주 52시간 근무제에 동참하여 직원들이 일과 생활의 균형을 맞추도록 배려하는 곳이 많다.

Opinion(의견 강조하기)

회사는 10월 1일부터 시행하도록 8월 말까지 직원을 대상으로 사전 협의를 마친다.

생각을 명료하고 구체적으로 만드는 단계별 문장식

문장은 생각을 담아내는 그릇에 따라 의미가 달라집니다. 문장이 미흡하면 생각도 미흡할 수밖에 없습니다. 그래서 생각을 정리하는 단계부터 완전한 문장에 생각을 담아 버릇해야 합니다. 그래야만 구체적이고 명료하게 생각하게 됩니다. 완전한 문장이란 메시지를 전달하는 데 미흡함이 없도록 기본 성분인 주어, 술어, 목적어를 갖춘 상태를 말합니다.

직장 생활을 하며 요점만 전달한다는 구실 아래에 키워드 몇 개를 엮어 쓰는 이른바 '개조식 문장 쓰기'에 습관이 굳어지면 생각도 매번 엉성하게 합니다. 그러면 생각 한 줄 하기도 어렵고, 문장 한 줄 제대로 쓰기도 어렵습니다. 'O.R.E.O.' 각 단계별로 좋은 생각을 끌어내는 문장식을 소개합니다.

Opinion(의견 주장하기): ~하려면 ~하라.
퇴사 후 스스로 먹고살려면 당신의 책을 가져라.

Reason(이유 대기): 왜냐하면 ~이기 때문이다.
책을 내면 전문적인 능력을 가진 사람으로 금세 소문 나기 때문이다. 강사 협의회에서 연구한 자료에 따르면 전문 강사들 가운데 저서를 가진 이들이 훨씬 강사료를 많이 받는 것으로 드러났다.

Example(사례 들기): 예를 들면~
예를 들어 전직 고위 공무원인 A씨는 《이공계 공무원을 위한 소통법》이라는 책을 출간하자마자 공공 기관에서 강의 요청이 쇄도했다.

Opinion(의견 강조하기): 그러니 ~하려면 이렇게 해 보라.

그러니 퇴사 후 자립하고 평생 현역으로 살려면 당신의 책을 가져라. 우선 블로그에서 당신의 콘텐츠를 공유하고 이용자와 소통하는 것이 좋다.

훌륭한 작가가 훌륭한 이유는
단순히 문장을 잘 다듬을 줄 알아서가 아니다.
그들이 훌륭한 이유는 독자에게 할 말이 있고
할 말을 바탕으로 독자와 관계를 적절하게 형성할 줄 알기 때문이다.

_바버라 베이그(하버드대학교 신학대학원 글쓰기 교수)

어떻게
논리정연한
글을 쓸까?

읽자마자 끝까지 읽게 되는 글은 필자의 주장이 참신하면서도
일리 있고 설득력 있는 근거들로 조리 있게 설명합니다.
이런 글을 쓰면 독자는 필자를 신뢰합니다.
'믿어 주세요' 한마디하지 않아도 말입니다.

150년 하버드 글쓰기 비법

—
워런 버핏이
CEO들에게 가르치는
논리 삼총사

지금부터 다양한 생각이 오레오 공식을 거쳐 어떻게 한눈에 들어오는 설득력 있는 메시지로 변하는지 알아봅니다.

하버드 케네디 스쿨에 다니는 이상준 님은 하버드대학교 학부 출신입니다. 하버드에서 글쓰기의 중요성을 배웠다는 그는 이렇게 경험을 전합니다.

"하버드에서는 글쓰기 연습량이 엄청나다. 글쓰기 수업으로 핵심을 향해 좋은 질문을 하도록 훈련했다."

핵심을 질문하는 능력은 글쓰기 교육에 열성인 하버드대학교가 학생들에게 갖추기를 바라는 점입니다. 하버드생처럼 핵심을 빠르게 전달하는 글쓰기는 전하고 싶은 의견을 확실하게 하는 데서 시작합니다. 핵심을 찾고 만들고 연구하는 오레오 공식을 본격 가동하기 전에 '누구에게, 왜, 무슨 말을 하고 싶은지'부터 정리합니다. 이는 글로 쓰려는 생각을 확인하는 과정입니다. 곧 3가지로 정리할 수 있습니다.

타깃(Target): 독자는 누구인가?
아이디어(Idea): 독자에게 무슨 말을 할 것인가?
가치 제안(Value Proposition): 독자에게 전하는 매혹적인 약속

일리 있게 잘 읽히는 글에는
반드시 들어간 3가지

투자 회사 버크셔 해서웨이의 회장 워런 버핏은 마이크로소프트 창업자 빌 게이츠, GE의 CEO 제프리 이멜트 등 세계적 기업의 최고 경영자들에게 글쓰기를 가르친다고 합니다. 워런 버핏은 글을 유창하게 다듬는 일은 전문가에게 맡기더라도 핵심 내용만큼은 손수 쓸 수 있어야 한다고 강조합니다. 그래야 설득력 있는 글쓰기가 가능하다고 말입니다. 그 역시 글의 개요부터 논리적으로 짭니다. 그가 주주들에게 쓴 편지글을 보면 예외 없이 결론부터 시작합니다.

자신의 생각으로 독자를 설득하려면 논리를 갖추어야 합니다. 이는

150년 하버드 글쓰기 비법

논리의 요소인 결론, 이유, 근거를 밝히는 작업입니다. 이 3가지를 갖추어 개요를 완성하면 어떤 내용의 글도 설득력 있게 쓸 수 있습니다. 그래서 독자가 빠르게 반응합니다. 논리를 구성하는 필수 요소 3가지를 저는 '논리 삼총사'라고 부릅니다.

결론: 무엇을 어쩌라는 거지?
이유: 왜 그래야 하지?
근거: 그 이유가 타당한 기준은?

모든 생각은 주관적이지요. 일방적이고 주관적인 생각으로 다른 사람을 움직이려고 하면 상대는 저항이 심합니다. 논리는 공부에서는 물론 어떤 분야의 사업에서든 주관적인 생각을 객관적으로 전달하는 데 필요한 것입니다. 논리가 결여된 글로는 객관적인 설득력이 떨어져 소통이 불가능하지요. 그러니 상대방이 받아들이기 쉽게 생각을 바꾸는 작업을 해야 합니다. 누가 들어도 일리 있다고 여길 만큼 객관적으로 재구성해야 합니다.

하버드대학교가 그토록 집요하게 매달려 온 논리에 기반을 둔 글쓰기는 글을 읽는 사람의 머릿속에 핵심을 정확하고 빠르게 전달합니다. 보고서, 이메일, 상품 설명서, 블로그 게시물 등 어떤 글이든 논리가 완벽하고 객관적이라면 읽는 사람이 저항할 새 없이 원하는 반응을 보입니다.

논리정연한 글쓰기는 스피드 경영 시대에 속전속결로 결정하기 위한 가장 이상적인 소통 방식입니다. 그래서 글이 논리적이지 못하면 그저 글쓰기가 미숙한 정도가 아니라 업무 능력까지 미숙하다고 여기게 되는데요. 이 상황이 가장 위험합니다. 일리 있게 잘 읽히는 글에는 '무엇에 대한 이야기인지(what)', '왜 이것이 필요한지(why)', '어떻게 하면 되는지(how)'가 반드시 들어갑니다.

코로나19 팬데믹으로 주4일 근무라는 획기적인 변화가 일었습니다. 비대면 근무의 장점을 알아차린 H 기업 직원들도 '우리 회사도 주4일 근무를 하면 좋겠다'고 바라는 눈치입니다. 이를 간파한 전략 기획실에서 임원 회의에 이 안건을 올리려 합니다.

결론: 무엇을 어쩌라는 거지?
우리 회사도 주4일 근무제를 시행한다.

이유: 왜 그래야 하지?
코로나19 팬데믹으로 대면 근무와 비대면 근무 방식을 병행한 결과, 생산성이 15퍼센트가량 높아졌다. 반면 경상비는 10퍼센트 줄어들었다. 특히 우리 회사의 경우 협업보다 개별 업무가 많은 점을 고려하면 주4일 근무 방식은 회사의 수익성 개선에 기여할 것이다. 또한 최근 진행한 설문 조사를 보면 주4일 근무제를 원하는 직원이 다수여서 애사

심을 고취하는 데도 크게 도움이 될 것이다.

근거: 그 이유가 타당한 기준은?

이유에서 언급한 ㉠ 비대면 근무 방식을 병행한 이후 높아진 생산성 데이터 ㉡ 같은 기간 줄어든 경상비 데이터 ㉢ 주4일 근무제 시행 관련 진행한 임직원 설문 조사 데이터를 곁들인다. 여기에 이미 주4일 근무제를 시행한 국내 기업들의 명단과 효과 및 반응을 추가한다.

논리 삼총사인 결론, 이유, 근거를 확인하니 모자람이 없습니다. 하지만 총무과장은 보고서의 독자인 사장님이 알고 싶어 할 1가지를 더 보태기로 합니다. 경험상 이대로 보고서를 올리면 사장님은 반드시 이렇게 묻기 때문이지요.

"그래서, 이제 어떻게 하면 되지?"

모든 글은 필자가 애초 의도한 대로 독자가 반응할 때 완결됩니다. 보고서도 결론대로 실행되어야 의미가 있습니다. 논리정연하게 도출한 결론에 부합하는 제안까지 하면 사장님은 군말 없이 승인할 것입니다. 그래서 총무과장은 추석 연휴 이후 10월부터 주4일제 근무를 하면 좋겠다고 제안을 덧붙입니다. 자, 이제 오레오 공식을 불러내 볼까요?

Opinion(의견 주장하기)

우리 회사 직원들의 출근 시간을 8시에서 10시 사이로 본인이 정하게 한다.

Reason(이유 대기)

근무 시간을 조정함으로써 직원들이 회사에 애정과 자부심을 느끼게 한다.

Example(사례 들기)

주 52시간 근무제에 동참하여 직원들이 일과 생활의 균형을 맞추도록 배려하는 작은 회사가 많다.

Opinion(의견 강조하기)

10월 1일부터 시행하도록 8월 말까지 직원들을 대상으로 사전 협의를 마친다.

논리 삼총사에 제안을 보태 오레오 공식을 완성했습니다. 내가 전하고 싶은 의견에 내가 원하는 방향을 제안하니 빈틈없는 쓸거리이자 메시지가 완성되었습니다. 보고서는 각각의 내용에 약간 보충 설명을 하면 그만입니다. 급하게 보고할 때는 설명을 보탤 것도 없이 이 4줄이면 그 자리에서 오케이 사인을 받아 낼 수 있습니다.

오레오 공식
1단계:
의견을 주장하는 법

핵심을 빠르게 전달하는 메시지의 토대인 핵심과 의견에 제안을 더하면 독자가 빨리 반응하도록 유도하는 주장이 완성됩니다. 이 첫 단계를 더욱 수월하게 넘어가려면 주장 위주로 문장을 만들면 됩니다. 이 주장문은 세 단위로 구성됩니다.

'① ~하다면 / ② ~하라. / ③ 왜냐하면 ~하기 때문이다.'

① 만일 ~하다면

독자가 해결하고 싶어 하는 문제가 무엇인가요? 그 문제부터 언급하세요.

→ 보고서가 논리적이지 않다고 자주 반려되어 고민이라면

② 이렇게 하라.

해법을 제안하세요. '~하라'는 주장 어미를 사용하면 주장이 두드러집니다.

→ 오레오 공식을 활용하라.

③ 왜냐하면

이유를 듭니다.

→ 왜냐하면 오레오 공식은 하버드생이 4년 동안 학교 글쓰기 수업에서 배우는 논리 요소로 만든 글쓰기 도구이기 때문이다.

이제 이 세 단위를 묶어 문장으로 서술하면 의견에 제안을 더한 주장문이 마무리됩니다.

→ 보고서가 논리적이지 못하다고 자주 반려되어 고민이라면 오레오 공식을 활용하라. 왜냐하면 오레오 공식은 하버드생이 4년 동안 글쓰기 수업에서 배우는 논리 요소로 만든 글쓰기 도구이기 때문이다.

이 세 단위 공식으로 완성한 주장문으로 기본 메시지가 완성되었습

니다. 이로써 독자는 필자의 의도를 충분히 전달받을 수 있습니다. 설령 오레오 공식의 남은 단계를 생략해도 필자가 말하려는 내용을 전달하기에 부족함이 없습니다.

글쓰기는 내가 원하는 방향으로 독자에게 영향을 미치는 일입니다. 공들여 글을 썼는데 독자의 반응이 '그래서 어쩌라고?'라면, 이만큼 맥 빠지는 일도 없습니다. 당신의 의견, 결론, 주장에 당신이 의도하는 대로 제안을 덧붙이세요. 그러면 의견은 메시지가 됩니다. 제안은 오레오 공식 1단계에서 주장한 의견을 증명하는 과정의 마침표 역할을 합니다. 필자가 쓰고 싶은 내용이 독자가 읽고 싶은 글이 되는 관건은 단지 의견만 제시하는 것이 아니라 제안을 더해 주장하는 것입니다. 그래야 다음 단계에서 이유와 근거, 사례, 해법 순서로 뒷받침되어 논리적인 설득력을 갖춥니다.

'양약의 성분과 화학 작용으로 인한 부작용을 염려하는 사람에게는 한약이 좋다.'

이 문장은 필요와 의도만 드러낸 것으로 필자가 전하고 싶은 의견입니다. 그런데 이 글쓴이는 한의사로서 단지 양약의 단점과 한약의 장점을 알리고 싶은 것이 아닙니다. 건강을 위해 한약을 먹게끔, 기왕이면 자신이 운영하는 한의원에서 한약을 지어 먹게끔 하고 싶습니다. 이 의도대로 독자가 반응하게 만들려면 제안을 덧붙여 주장해야 합니다.

→ 성분과 화학 작용으로 인한 부작용이 염려되어 양약을 먹기 싫다면 한약을 먹어라.

독자에게 전달하고 싶은 의견에 제안을 더하면 비로소 메시지의 토대이자 첫 단계인 주장이 완성됩니다. 이제 이 내용을 논리정연하게 증명하여 설득하는 일만 남았습니다.

독자가 혹하는
제안을 만드는 비결

① 논점을 분명하게

무엇에 관한 이야기인가요? 초점을 분명히 하세요. 초점이 분명하지 않은 메시지로 어떤 제안을 해 봤자 누구의 시선도 끌 수 없습니다.

② 참신하거나 도발적이거나

'독서'라는 말은 언제부터인가 너무 상투적으로 들립니다. 문화 심리학자 김정운 선생은 독서를 이렇게 정의합니다.

"독서는 침 바른 행위다."

김정운 선생은 "우리는 중요한 것에 침을 바른다. 독서도 침을 바르는 행위다"라며 독서를 예찬합니다. 접근 방식이 흥미롭지요? 이런 글은 '무슨 말을 할지 좀 더 읽어 볼까?' 하고 독자가 반응하게 만듭니다. 같은 이야기라도 남다르게, 좀 새롭게, 뜻밖의 방법으로 접근해야 흥미를 유발합니다. 이런 참신한 관점은 독자를 관찰하는 것에서 시작합니다. 관찰로 흥미로운 관점을 끌어내는 데 성공하려면 반드시 독자에게 관심을 가져야 합니다. 당신의 글을 읽게 될 독자를 주의 깊게 관찰하세요. 관점이 다르면 남다르게 생각하게 되고 참신하거나 도발적인 메시지를 전할 수 있습니다.

혹하게 제안하려면 연습이 필요합니다. '~하려면'과 '~하라' 문장을 각각 30개쯤 써 보세요. 눈에 보이도록 2가지 구절을 늘어놓다 보면 반드시 그럴듯한 조합이 나옵니다. 글쓰기는 창작 행위라 같은 내용이라도 얼마든지 다르게 표현할 수 있습니다. 또 글을 읽어 주기를 바라는 독자에게서 해결이 필요한 점을 관찰하면 그 속에서 '~하려면' 상황을 다양하게 발견할 수 있습니다.

'~하다면 ~하라. 왜냐하면 ~하기 때문이다.'

이 문장 공식으로 주장이 담긴 의견을 만들 때 '~하다면'에서부터 멈칫대는 사람이 많습니다. 이는 내 글을 읽게 될 독자가 처한 문제를 상세하게 파악하지 못했기 때문입니다. 이런 상황은 어떻게 돌파할 수 있을까요? 바로 질문 요법을 씁니다.

→ 독자의 어떤 문제를 해결하고 싶나요?

뇌는 참 이상해서 질문을 받으면 해결하고 싶어 몸부림칩니다. 곧 답이 나오겠지요. '문, 답' 두 줄이면 문장이 뚝딱 만들어집니다.

문: 어떻게 하면 논리적으로 글을 잘 쓸 수 있을까?
답: 오레오 공식을 활용한다.

이제 '~하다면 ~하라. 왜냐하면 ~하기 때문이다.' 형식의 문장으로 변환합니다.

→ 논리적으로 글을 잘 쓰려면 오레오 공식을 활용하라.

질문과 답으로 '~하다면'을 끌어낼 때 주의할 점이 있습니다. 질문이 너무 광범위하지 않아야 합니다. 그래야 답을 만들 때 쉽습니다.

'어떻게 하면 집중력을 높일 수 있을까?'

이 질문은 참으로 광범위합니다. 무엇에 초점을 맞추어 답해야 할지 애매합니다.

→ 어떻게 하면 야근하지 않고도 회사와 내가 원하는 성과를 낼 수 있을까?

150년 하버드 글쓰기 비법

명료하게 답할 만큼 구체적으로 질문해야 좋습니다.

'행복하게 살려면 어떻게 하면 될까?'

이 질문 역시 모호하여 적절한 답을 찾으려면 행복과 불행의 정의로 거슬러 올라가야 합니다. 행복과 불행의 정의는 제각각이니 이 질문을 잘게 쪼개 봅니다.

→ 정년퇴직 후 상실감을 극복하고 잘 살려면 어떻게 하면 될까?

이렇게 구체적으로 질문하면 답을 내기가 수월합니다.

답할 때는 문제가 해결되는 해법을 제시합니다. 독자가 기대한 이상이어야 합니다. 누구나 짐작할 수 있거나, 진부하기 짝이 없는 오래된 방법이거나, 최근 널리 회자되는 답이어서는 곤란합니다. 독자들도 그만한 정보력은 있거든요. 필자의 독자적인 관점에서 만들어 낸 창의적인 해법을 제시해야 독자의 관심을 받을 수 있답니다. 이어 답의 이유를 간략하게 밝힙니다. 질문과 답, 답의 간략한 이유를 연결하면 독자를 매혹하는 핵심 의견이 됩니다.

→ 논리적으로 글을 잘 쓰려면 《150년 하버드 글쓰기 비법》을 읽으면 좋다. 왜냐하면 이 책은 논리적으로 사고하고 글을 쓰도록 돕는

오레오 공식을 알려 주기 때문이다.

주장으로 완성한 의견은 그 자체로도 메시지 역할을 하기에 충분하지만 이유와 근거, 사례, 구체적인 방법 제공 등으로 주장을 조목조목 증명하면 논리적 설득력을 최고조로 끌어올립니다.

오레오 공식
2단계:
이유를 제시하는 법

 요즘 독자들은 증거 중독증을 앓고 있습니다. 그것도 아주 중증입니다. 머리핀 하나를 사는 데 몇 날 며칠이 걸리더라도 관련한 정보를 샅샅이 뒤집니다. 제품의 사용 후기를 찾아 읽으며 과연 자신에게도 괜찮을지 점검하고 가격도 꼼꼼히 비교합니다. 손 안에 컴퓨터가 있으니 이런 것쯤은 일도 아닙니다. 사람들은 연일 인터넷을 달구는 가짜 뉴스나 정보에 속지 않으려면 이렇게 하는 것이 당연하다고 여깁니다. 가만히 앉아 있어도 쓰나미처럼 밀려오는 정보에 치를 떨지요. 이런 독자들에게 '이렇다, 저렇다, 이렇게 하라, 저렇게 하라…' 주장하고 설명만 늘어놓아서는 읽힐 리 만무합니다. 요즘 독자들은 이런 면에서 무자비하거든요.

하버드생은 4년 내내 자신의 의견을 주장하고 그 주장을 상대가 받아들이게끔 증명하는 방법들을 진지하게 배웁니다. 주장을 증명하는 사실과 자료와 예시 등으로 객관적이고 합리적으로 상대를 설득하는 방법을 배웁니다. 그래서 우기지 않고 증명하여 독자가 스스로 이해하도록 만듭니다. 믿어 달라고 하소연하지 않고 그저 믿게 만듭니다.

글쓰기 수업에서 만나는 초보 필자의 글은 읽히지 않습니다. 설득력이 없기 때문입니다. 전달하려는 생각이 모호하거나 논리가 부족하거나 혹은 아예 논리가 없습니다. 논리가 탄탄하지 않은 글은 이런저런 자료를 나열하고 미사여구를 늘어놓았더라도 마치 골다공증에 걸린 뼈 같습니다. 논리에 여기저기 구멍이 숭숭 나 있습니다. 이런 글을 쓰면 독자는 필자의 사고력을 의심합니다. 이야말로 글쓰기가 발목 잡는 경우지요.

반면 읽자마자 끝까지 읽게 되는 글은 필자의 주장이 참신하면서 일리 있고 설득력 있는 근거들로 조리 있게 설명되어 있습니다. 이런 글을 쓰면 독자는 필자를 신뢰합니다. '믿어 주세요' 한마디하지 않아도 말입니다.

'글을 잘 쓰려면 관찰력을 길러야 한다'는 내용으로 블로그 포스트를 쓰려고 합니다. 오레오 공식으로 메시지를 개발하고 논리적인 주장을 구성해 보겠습니다. 우선 핵심 의견을 만듭니다.

Opinion(의견 주장하기)

관찰력을 기르려면 그저 집중해서 보는 게 제일 낫다.

독자는 반드시 왜 그러한지 물을 것입니다. 그러면 사진을 찍거나 기록하는 것보다 단지 집중해서 보는 게 더 낫다고 받아들일 만한 타당한 이유를 제시해야 합니다. 또 이유는 어디에서 나왔는지 근거가 될 자료를 찾아 증명해야 합니다.

Reason(이유 대기)

왜냐하면 본 것을 기록하거나 사진 찍느라 보기에 소홀해져서 관찰력을 기르는 데 도움이 안 되기 때문이다.

독자는 '기록하거나 사진을 찍다 보면 기억하기가 어려워서 관찰력을 기르는 데 그리 도움이 되지 않는다'까지는 동의했습니다. 이제 이런 이유에 실제로 근거가 있는지 증명하면 어떤 꼬장꼬장한 사람도 주장을 받아들일 것입니다.

독자를 설득하는 근거 자료로는 내용과 관련하여 믿을 만한 곳에서 행한 실험이나 테스트, 전문가의 말 인용, 통계 수치 등이 좋습니다. 읽는 이에게 신뢰를 주기 때문이지요. 필자가 실험, 탐사, 관찰 등 직접적으로 연구하여 얻어 낸 자료도 설득력을 높이는 데 큰 보탬이 됩니다. 요점은 누가 들어도 납득할 만큼 객관적인 자료라야 근거가 제 역할을 한다는 것입니다.

'다트머스대학교 뇌과학부의 엠마 템플턴 연구진이 400명을 대상으로 실험한 결과, 2가지 이상 행동을 동시에 하면 집중력이 흐트러져 제대로 기억하지 못하는 것으로 드러났다.'
이만한 증거라면 납득할 만하겠지요? 이제 두 번째 단계인 이유와 근거를 완성합니다.

→ 왜냐하면 본 것을 기록하거나 사진 찍다 보면 내용을 기억하기는 어려워서 관찰력을 기르는 데 도움이 되지 않기 때문이다. (이유) 다트머스대학교 뇌과학부의 엠마 템플턴 연구진이 400명을 대상으로 실험한 결과, 2가지 이상 행동을 동시에 하면 집중력이 흐트러져 제대로 기억하지 못하는 것으로 드러났다. (근거)

하버드대학교에서 컴퓨터 과학을 가르치는 마고 셀처 교수는 이렇게 말했습니다.
"내가 왜 이렇게 생각하는지, 왜 이렇게 유익한지 전달할 수 없다면 아무도 나를 믿지 않을 것이다. 글쓰기의 목표는 사람들에게 당신의 아이디어가 가치 있다고 확신하게 만드는 것이다."

뇌가 참 좋아하는
자료들

〈콩코드〉는 세계에서 유일하게 고등학생을 대상으로 한 역사 학술 논문 계간 잡지입니다. '글쓰기 실력이 곧 경쟁력'이라는 가치를 내걸고 3개월마다 11편의 논문을 묶어 전자책으로 발간하는데요. 이곳의 편집장 핏츠휴는 '콩코드 리뷰'에 실을 글을 골라내기 위해 세계 각국의 고등학생이 응모한 논문을 읽습니다. 그는 이렇게 강조합니다.

"가장 좋은 글은 재미있는 글이며, 재미있는 글은 주장이 독특하고 근거가 탄탄하다."

그는 "시각이 아무리 참신해도 근거가 부족하면 그 주장은 궤변에 불과하다"라며 논리적으로 설득하는 힘의 중요성을 역설합니다. 주장하는 의견이 논리적으로 타당함을 증명하려면 다양한 근거를 확보해야 합니다. 뇌는 그중에서도 객관화된 수치를 더 신뢰합니다. 다음은 뇌가 좋아하는 자료의 종류입니다.

'권위 있는 연구진의 실험이나 연구 결과'
'믿을 만한 기관에서 발표한 통계 수치'
'해당 분야의 전문가나 권위자의 증언'
'관련 공식 기관의 승인 및 인증'
'성공한 전력이나 최고 승률 등 사례의 수치'

핵심 의견을 증명하려고 이유와 근거가 되는 자료를 찾다 보면 버릴 것이 하나도 없을 만큼 알뜰하게 수집할 때도 있습니다. 그런데 어렵게 얻은 자료라고 글에 모두 끌어들이면 오히려 산만해져서 독자에게 신뢰를 얻지 못합니다. 이럴 때는 가장 핵심이 될 자료부터 취해야 합니다. 언급할 가치가 있는 자료가 여러 가지일 때는 일일이 나열하기보다 자료를 유형이나 속성별로 묶습니다. 묶음은 3가지 이내로 제한해야 좋습니다.

논리정연한 글을 쓰면서 의외로 많은 이가 이유와 근거를 구분하기를 힘들어합니다. 이유와 근거를 같은 뜻, 다른 말로 아는 사람도 적지 않습니다. '논리적 글쓰기 수업'에서 들은 가장 많은 하소연도 이것이지요. 세계적인 컨설팅 기업 맥킨지의 그 머리 좋다는 컨설턴트들도 신입 사원 때는 이유와 근거를 헷갈린다지요?

그래서 맥킨지에서는 신입 컨설턴트에게 논리적으로 생각하고 글쓰는 능력을 길러 주기 위해 주장, 이유, 근거 대기를 따로 연습시킵니다. 이름 하여 '우산, 비, 하늘' 포맷 연습입니다. 우산은 '주장', 비는 '이유', 하늘은 '근거'를 나타냅니다.

주장: 우산을 가져가는 게 좋겠어.
이유: 비가 올 것 같아.
근거: 하늘을 보니 먹구름이 잔뜩 꼈어.

보세요. 우산은 결론, 비는 이유, 하늘은 근거를 뜻합니다. 이유와 근거가 쉽게 구별되지요? 이유와 근거가 헛갈릴 때는 '우산, 비, 하늘'을 떠올려 보세요.

오레오 공식
3단계:
사례를 제시하는 법

미국 수학능력시험을 주관하는 미국 대학위원회는 에세이 평가 중 '쓰기'에서 가장 중요한 점은 이것이라고 설명합니다.

"주제와 얼마나 밀접한 사례를 들어 논리적으로 표현하는가?"

하버드대학교를 비롯해 미국 명문 대학 서너 곳에 합격한 지원자들의 에세이가 종종 소개됩니다. 그들도 역시 사례 중심으로 이야기를 풀어 갑니다. 메시지를 가장 명쾌하게 전달하는 방법은 실제 사례를 보여 주는 것입니다. 호소력 있는 사례를 들려주면 메시지는 더욱 빠르게 전달됩니다. '예를 들어'로 말을 꺼내면 독자는 더욱 집중하고, 이야기에 메시지를 실어 보내면 독자는 더욱 쉽게 받아들입니다.

의견을 주장하고 이유와 근거로 증명하는 오레오 공식 1단계와 2단계에서 이미 독자는 필자의 의견에 동의했을지 모릅니다. 그러나 필자가 의도한 대로 영향력을 미치려면 독자의 감정까지 흔들어야 합니다. 빵 반죽을 부풀게 만드는 베이킹파우더처럼 글쓰기에서도 사례가 들어가면 설득력이 서너 배는 부풀어 오릅니다. 실제로도 그러한지 알아볼까요?

한 MBA 과정에서는 학생들에게 '어떤 기업이 직원을 해고하지 않는 정책을 시행한다'는 내용을 4가지 방법으로 설명하며 각각의 효과를 비교하는 연구를 했습니다.

사례로 이야기하기
통계 데이터 제공하기
통계 데이터로 이야기하기
기업의 수석 경영진이 작성한 정책서 보여 주기

이 중 '사례로 이야기하기' 방식이 가장 효과적이라고 나타났습니다. 실제로 사례를 들려주는 방식은 독자를 설득하는 데 가장 유용합니다. 이 방법은 스토리텔링 기술의 일종입니다. 상대방에게 이야기를 들려주면서 필자가 제시하는 방법을 의구심 없이 받아들이게 만드는 방식이지요. 이런 식입니다.

→ 어느 문제를 어떤 인물이 내가 제시한 방법으로 해결하는 데 성공
했다.

→ 독자와 같은 문제를 겪은 어떤 이가 내가 알려 주는 이 방법으로
문제를 해결했다.

Opinion(의견 주장하기)

관찰력을 기르려면 그저 집중해서 보는 게 제일 낫다.

이 의견을 증명하기 위해 2단계에서 타당한 이유와 근거를 들었습니
다. 여기에 이야기 역할을 하는 사례를 제시하면 독자의 마음이 저절로
움직입니다.

Example(사례 들기)

일본 작가 무라카미 하루키는 여행지에서 메모도, 사진 촬영도 하지
않고 돌아와서 본 것을 떠올리며 잔상을 정리한다.

사람들이 선택하는
이야기들의 비밀

미국 심리학자 리처드 니스벳 교수는 학생들이 심리학 과목을 선택
하는 데 참고하도록 2가지 자료를 제시했습니다.

자료 1. 해당 과목의 평가 자료를 통계 정보로 보여 준다.
자료 2. 해당 과목을 평가 자료를 사례 정보로 보여 준다.

사례 정보를 보고 심리학 과목을 선택한 학생이 훨씬 많았습니다. 연구진은 사람들이 중요한 판단을 할 때도 사례 정보에 더욱 의지한다고 결론 내렸습니다.

'~하려면 ~하라'고 주장한 의견을 증명하는 가장 빠른 방법은 사례를 들어 설명하는 것입니다. 일방적이고 주관적인 내용을 독자에게 빠르게 전달하는 데도 구체적인 예시와 사례, 증언 등의 도움을 받아 이야기해야 합니다. 사람들은 누구나 추상적인 이론보다 '누가 무엇을 했다더라'는 남의 이야기를 빨리 이해하고 받아들이는 편이라서요.

"사례를 들어 설명하지 못하면 제대로 아는 것이 아니다"라는 말이 있습니다. 사례가 설득에서 이토록 힘이 세다면 신뢰할 만한 예시나 사례를 확보하는 것이 관건이겠지요. 이런 사례를 수집하세요.

① 논점에 맞는 사례
독자에게 전달하려는 메시지와 직접적으로 관련한 사례여야 합니다. 초보 필자는 논점과 무관한 사례를 드는데, 제법 그럴듯한 내용일 때 이런 일은 더 많습니다. 사례가 주장을 증명하지 못하면 메시지 전달력이 떨어집니다.

② 참신한 사례

초보 필자는 사례가 필요하면 그제야 사례를 찾아 나섭니다. 포털 사이트 검색창에 키워드를 입력하고 검색되는 사례를 가져오기 바쁘지요. 엇비슷한 메시지를 다루는 초보 필자들의 글에 같은 사례가 등장하는 것은 이 때문입니다.

주장하는 내용에 딱 맞는 사례들을 만나기가 쉽지는 않습니다. 더구나 참신한 사례를 찾기란 생각보다 어렵습니다. 글쓰기에 능숙한 사람은 평소 자신의 관심사에 부합하는 사례 자료를 수집했다가 적시에 꺼내 씁니다. 신문이나 잡지, 책, 연구소 리포트 등 다방면에 걸쳐 자료를 접하고 사례를 취합니다. 그들은 사례가 진부하면 메시지도 진부하게 여겨진다는 것을 잘 압니다.

③ 세상에 둘도 없는 자기 사례

타인의 이야기만 사례가 되지는 않습니다. 메시지와 직접 관련한 자신의 이야기도 사례가 될 수 있지요. 초보 필자의 글은 남이 어찌했다는 내용들로만 채워지는 경우가 많습니다.

독자는 잘 모르는 남의 이야기를 제삼자를 통해 읽고 싶어 하지 않습니다. 남이 전달하는 남의 이야기는 전혀 흥미를 끌지 못합니다. 메시지와 관련하여 '필자인 나는 이런 경험을 했다'고 이야기를 들려주세요. 세상에 둘도 없는 참신한 사례가 됩니다.

④ 사례를 인용할 때

사례를 인용하는 일도 만만치 않습니다. 초보 필자는 사례를 미주알 고주알 옮겨 쓰느라 메시지를 놓치기도 합니다. 사례는 메시지를 설득력 있게 전달하기 위해 도입한 글감입니다. 메시지를 전달하는 데 거침없도록 핵심만 요약하여 서술해야 합니다. 사례를 재구성하는 방법은 간단합니다.

사례를 육하원칙으로 짧게 정리하기
6개 항목을 모아 간단하게 서술하기
서술할 때 메시지에 부합하는 항목 위주로 구성하기

희귀한 사례는 출처도 밝혀야 합니다. 오레오 공식에서 사례 들기는 마치 신부의 부케와 같습니다. 부케는 아름다워야 하지만 신부의 아름다움을 해치지는 않아야 하니까요.

오레오 공식
4단계:
의견을 강조하는 법

로마의 정치가 키케로가 연설을 마쳤을 때 청중은 "너무너무 감동적이야. 멋있는 연설이었어"라고 말하면서 갈채를 쏟았습니다. 이어 데모스테네스가 연설을 마치자 그들은 "자, 이제 행진합시다"라며 행진했다고 합니다.

잘 쓴 글에도 이같이 행동을 촉발하는 힘이 있습니다. 글은 썼으면 읽혀야 하고, 읽혔으면 통해야 하고, 통했으면 먹혀야 합니다. 독자가 내가 쓴 글을 읽고 내가 의도한 대로 행동하게 만들려면 마지막으로 할 일이 있습니다. 방아쇠를 당겨야지요.

요즘 독자의 집중력은 얼마나 될까요?

'8초'라고 합니다. 그러니 내 글을 끝까지 읽어 준 것만으로도 감사할 일입니다. 하지만 글의 마지막 줄에 이르면 독자는 앞에서 무슨 이야기를 했는지 다 잊어버리고 맙니다. 그러니 '이렇게 하자, 이렇게 해 달라'고 분명하게 요청하는 겁니다. 이것이 오레오 공식 4단계에서 하는 일입니다.

① 주장 확인시키기

오레오 공식 네 번째 단계에서는 마지막 부분까지 읽느라 잊어버렸을지 모를 의견을 독자에게 다시 확인시킵니다. 첫 단계와 달리 표현하면 새롭게 어필하는 데 효과적입니다. 그런 다음 독자가 의견을 받아들이도록 권유하세요.

② 실행 방법 제안하기

핵심 의견에는 '~하라'는 제안이 포함됩니다. 그럼 이 제안을 구체적으로 안내하여 독자가 당장 실행에 옮기도록 만들어야 합니다. 지금까지 당신의 의견에 충분히 설득되었을 독자에게 실행 로드맵을 제시하세요.

'관찰력을 기르려면 메모지나 사진기는 놔두고 현장에 나가자. 그러면 온 마음을 다해 보이는 것에 집중할 수 있다.'

이렇게 말입니다. 마지막 단계까지 완성되었습니다. 이제 오레오 공식 4단계를 이어 붙여 봅니다.

Opinion(의견 주장하기)

관찰력을 기르려면 그저 집중해서 보는 게 제일 낫다.

Reason(이유 대기)

왜냐하면 본 것을 기록하거나 사진 찍으면 보는 행위를 소홀히 하기 십상이어서 관찰력을 기르는 데 도움이 되지 않기 때문이다. 다트머스 대학교 뇌과학부의 엠마 템플턴 연구진이 400명을 대상으로 실험한 결과, 2가지 이상 행동을 동시에 하면 집중력이 흐트러져서 제대로 기억하지 못하는 것으로 드러났다.

Example(사례 들기)

일본 작가 무라카미 하루키도 여행지에서는 메모도, 사진 촬영도 하지 않고 돌아와서 본 것을 떠올리며 잔상을 정리한다고 한다.

Opinion(의견 강조하기)

관찰력을 기르려면 메모나 카메라를 지참하지 말고 현장에 나가자. 그러면 온 마음을 다해서 보이는 것에 집중할 수 있다. 대신 현장을 벗어나자마자 인상적인 것 몇 가지를 기록해 두면 본 것을 잘 기억할 수 있다.

독자는 이런 글에
고마워한다

생각의 고수들이 모인 맥킨지, 이곳의 컨설턴트들은 회사에서 요구받는 의사소통의 기준을 지켜야 합니다.

'30초 안에 결론부터 논리정연하게.'

논리적으로 생각하고 표현하기에 엄격한 맥킨지의 컨설턴트들이 절대 하면 안 되는 일도 있습니다.

'사내 미팅 때나 고객사와의 미팅 때 해결책 없이 문제만 제기하지 않을 것.'

맥킨지는 문제만 제기하고 해결책을 내놓지 못하면 상대의 시간만 갉아먹을 뿐이라고 강조합니다. 그래서 논리가 뒷받침된 대안이나 해결책을 내놓아야 합니다. 역시 제안이 빠진 메시지는 어딘가 좀 모자라 보입니다.

초보 필자가 쓴 글에서 가장 흔한 유형이 바로 문제 제기만 하고 끝내기입니다. '이런저런 이유로 이것이 문제다'라는 내용으로 글 한 편을 채우지요. 읽고 나면 저절로 "그래서? 어쩌라고?"라는 말이 튀어나옵니다. 심지어 인터넷에서 흔히 만나는 소위 전문가들의 글도 읽고 나면 이런 말이 튀어나올 때가 허다합니다. 이는 글에 의견만 있어서 그렇습니다. 의견에 필자가 의도하고 권유하고 촉구하는 바를 더해 더욱 완벽한 메시지로 만들지 못해서지요. 오레오 공식 4단계가 '제안하기'라는 기능을 수행해야 하는 이유이기도 합니다.

문제만 제기하는 글에는 여기저기에서 긁어모은 이런저런 수치와 전문 지식과 용어로 가득합니다. '나 이런 것도 알아!' 하고 자랑하려는 속셈이 다 드러납니다. 앞서 설명한 논리 삼총사 '결론, 이유, 근거'를 기억하지요? '어떻게 하라'는 내용이 빠진 글은 결론인 알맹이가 없어서 논리 요소를 갖추지 못해 어설프기 짝이 없습니다. 이런 글을 공개하면 글쓴이가 얼마나 비논리적인지 만천하에 공개하는 셈입니다.

① 독자를 배려하는 해결책 제시

특정한 사안에 문제를 제기하고 검증한 후 실행 방법까지 제시하는 글을 읽으면 독자는 필자가 그 문제를 충분히 연구했다고 인정합니다. 독자 입장에서 글쓴이가 실행 방법을 알려 주는 성의에 고마워하지요. 일본 소설가 무라카미 하루키는 맥주와 굴튀김을 좋아한다고 쓸 때도 "굴을 튀길 때는 앞면 45초, 뒤집어서 15초가 좋다"라며 방법을 알려 줍니다. 이처럼 문제 제기에만 그치지 않고 해법을 마련해 그 중심으로 글을 고쳐 써야 합니다.

'평생 현역으로 살려면 당신의 책을 가져라'라는 내용으로 글을 쓴다면 평생 현역으로 사는 데 왜 책을 갖는 것이 중요한지, 책을 갖는다는 것은 어떤 의미인지, 어떻게 하면 당장 시작할 수 있는지 방법까지 상세하고 친절하게 써야 합니다.

또 독자가 따라 하기 쉽게 요리법처럼 써야 합니다. 잘 읽히는 요리법에는 요리 재료를 구하는 법부터 구한 재료를 다듬는 법, 요리에 맞추어 칼과 불을 다루는 법, 조리하는 순서, 차려 내기까지 독자가 알고 싶어 하는 거의 모든 정보가 단계별로 하나하나 구체적으로 소개됩니다. 심지어 남은 요리를 보관하는 법도 알려 줍니다.

② 세상에 둘도 없는 나의 비법

문제를 제기하고 나름 해결책까지 썼는데, 그렇게 쓰느라 고생깨나 했을 텐데도 아무런 감동을 주지 못하는 글이 있습니다. 보통 해결책이 흔해 빠진 경우지요. 또는 필자가 한 번도 해 보지 않은 방법을 어딘가에서 끌어와 제시한 경우입니다. 그러면 독자가 공감할 리 없습니다. 이럴 때 저는 글쓴이에게 "이럴 경우 어떻게 하세요?"라고 그 사람의 경험을 묻습니다. 그가 대답하면 바로 그 내용을 해결책으로 써 보라고 권합니다. 그러면 십중팔구 "이런 것을 써도 되나요?"라고 되묻습니다.

어떤 문제의 해결책을 제시하려면 먼저 당신이 어떻게 해 왔는지를 살피세요. 그리고 그 방법을 독자에게 알려 주세요. 당신이 오랫동안 경험으로 축적해 온 방법을 팁으로 공유하세요. 설득력 있는 메시지는 당신이 당신의 이야기를 할 때 가장 고조됩니다. 당신이 알고 있는 비결을 공개하세요. 설교하지 말고 설명하지 말고 팁을 주세요. 당신의 글을 읽는 독자에게 '티퍼(tipper: 도움을 주는 사람)'로 자리매김하면 당신은 매력적인 사람으로 인식됩니다. 그리고 그 매력은 저절로 많은 사람에게 영향력을 발휘합니다. 소셜 시대에 사람들에게 가장 강력한 영향력을 행사하는 이는 유용한 팁을 제공하는 티퍼입니다.

오레오 공식에
무엇을 어떻게
채울 것인가?

오레오 공식 4단계를 지나오며 아마 눈치채셨을 겁니다. 각 단계에서 적절한 재료를 갖추지 못하면 오레오 공식이라는 글쓰기 도구도 가치가 없다는 것을요. 그래서 '쓰는 힘은 엮는 힘'이라고들 합니다. 글쓰기의 승부는 자료에 달렸다고 말입니다. 오레오 공식을 제대로 활용하려면 생각을 담아 나를 글감부터 우선 마련해야 합니다.

글쓰기는 구상을 대략 마친 다음부터는 재료와의 싸움입니다. 글쓰기는 원래 추상적인 작업이라 쓰기에 필요한 밑그림을 그리고 거기에 맞는 재료를 사전에 준비해 놓아야 합니다. 글을 쓸 때 겪는 곤란 내지 혼란은 거의 대부분 'O.R.E.O.' 단계별로 글감을 준비해 두지 못해서 일어납니다. 앞서 언급했던 각국 고등학생들의 논문을 접수받아 게재하는 〈콩코드〉의 편집장도 글을 쓸 때 자료 수집에 들이는 시간이 글의 완성도를 높이는 길과 직결된다고 했습니다.

'인공 지능 쇼크로 현재 직업의 70퍼센트가 사라진다.'

직장인인 당신이 어느 날 이런 뉴스를 접했다고 가정합시다. 뉴스를 접하는 순간 사라지는 70퍼센트의 직업에 내 직업이 속하는 건 아닌지 궁금해지면서 이런 생각이 듭니다.

'인공 지능에 떠밀려 직업을 잃어버리는 참사를 막으려면 어떻게 해야 하지?'

다른 사람들도 예외는 아닐 것입니다. 그래서 이와 관련하여 글을 쓰고 블로그에 올려 주위 사람들과 공유해야겠다고 생각합니다. 먼저 질문을 만들어 봅니다.

→ 인공 지능 쇼크로 내 일과 직업이 사라지지 않게 하려면?

이 질문의 답을 마련하기 위해 먼저 자료부터 수집합니다. 정확한 자료를 수집하기 위해 질문을 세세히 나눕니다.

'알파고 쇼크로 현재 직업의 70퍼센트가 사라지는 이유와 배경은?'

'사라지는 직업은 구체적으로 무엇인가?'

'이 2가지의 증거가 될 사례나 예측은?'

'새로운 기술로 일자리를 잃을 사람은 누구인가?'

'새로운 기술로 기회를 얻는 사람은 누구인가?'

'사라지는 직업을 가진 사람은 이제 어떻게 해야 하나?'

'이 문제에 전문가들은 어떤 제안을 하나?'

'내 일자리는 어찌 될까?'

'내 일자리도 없어질 수 있다면 나는 이제 어떻게 해야 하나?'

'그래서 알파고 쇼크에 대한 내 결론은 무엇인가?'

잘게 쪼갠 질문에 맞추어 꼼꼼하고 치밀하게 자료를 수집하고 분석하고 또 비판적으로 이해하다 보면 어느새 어떤 생각의 줄기가 하나 생겨날 것입니다. 이 생각이 바로 '인공 지능 쇼크로 내 일과 직업이 사라지지 않게 하려면?'의 답입니다. 이제 문장식을 완성합니다.

→ 인공 지능 쇼크로 나의 일과 직업이 사라지지 않게 하려면 ~하라.

'O. R. E. O.' 각각을 서랍 칸이라 생각하고 수집한 자료를 배분합니다. 배분한 자료를 엮어 서술하면 오레오 공식도, 쓸거리도 완성됩니다. 사례를 통해 글감을 어떤 맥락에서 어떤 수준으로 수집하느냐에 따라 주장을 마련하고 검증하기가 얼마나 수월해지는지 짐작하실 겁니다.

글감은 오레오 공식이라는 생각 엔진의 연료입니다. 메시지를 주장하고 주장을 증명하기 위해 필요한 이유, 근거, 사례, 예시의 관련 자료를 수집합니다. 초보 필자는 자료 수집을 위해 국내 포털 사이트를 이용하는 정도이고 조금 부지런을 떨면 검색 사이트 구글을 이용합니다. 그러나 독자에게 통하는 수준 높은 자료들은 이 정도로 찾아지지 않습니다. 관련한 주제를 다루는 책, 신문, 잡지, 연구 자료 등을 섭렵해야 하고 때로는 전문가를 찾아가 인터뷰도 해야 합니다.

수집 자료의 수준을 끌어올리는 8가지 노하우

① 쓸거리에 맞는 새로운 재료를 찾는다

일본의 마케팅 컨설턴트인 사카모토 케이이치는 자료에 대해 이렇게 조언합니다.

"만두를 만들기로 했다면 냉장고 안에 어떤 재료가 있는지는 상관하지 말고 재료를 새로 준비하여 만두를 빚어야 한다."

오레오 공식으로 메시지를 만들 때도 알고 있는 정보와 수집해 둔 자료에 의지하지 말고 새로운 자료를 수집해야 합니다.

② 텍스트를 넘어 전방위로 찾는다

메시지를 설득력 있게 주장하려면 텍스트를 넘어 다양한 분야에서 자료를 수집해야 독자의 입맛에 맞출 수 있습니다. 드라마와 영화 같은 대중 예술, 신문과 잡지, 다큐 프로그램 같은 보도 내용 등에서 확보한 자료는 독자 앞에 공감의 사다리를 놓아 줍니다. 이 사다리로 메시지를 전달하면 독자는 자기 일처럼 공감합니다.

③ 수집한 자료는 내 식으로 다듬는다

하버드대학교에서는 다른 이의 글을 인용하여 글 쓸 때 표절 가능성을 원천 봉쇄하기 위해 '바꿔 쓰기' 하도록 가르칩니다. 바꿔 쓰기란 내용의 의미만 남겨 두고 표현을 새롭게 바꾸는 방식인데요. 수집한 자료를 내 식으로 바꿔 쓰다 보면 자료가 기억 저편에 차곡차곡 축적되고 필요할 때 바로바로 끄집어내 쓸 수가 있습니다. 자료를 수집하여 정리하지 않으면 필요할 때 바로 쓸 수 없습니다. 그렇다면 그 자료는 없는 것이나 마찬가지입니다.

④ 자료는 '제목과 설명' 포맷으로 만든다

자료는 제목과 설명 포맷으로 정리합니다. 수집한 자료를 읽고 옮겨 쓰며 제목을 붙여 보관하면 더 잘 기억하게 됩니다. 설명에는 자료를 바꿔 쓴 것과 자료에 대한 그때그때의 생각이나 느낌도 곁들여 표시해 둡니다. 글쓴이와 출처도 반드시 남깁니다. 뇌 전문가들은 이런 방식을 이용하면 정보를 부호화해서 더 잘 기억하고 더 잘 꺼내 쓸 수 있다고 합니다.

⑤ 수집한 자료를 배치한다

수집한 자료는 주제별로 보관합니다. 저의 경우, 제 컴퓨터에 '쓰거나'라는 메인 폴더를 만들었습니다. 여기에 주제별로 개별 폴더가 수십개 있습니다. 제목과 설명 포맷으로 정리한 자료는 일일이 해당 폴더를 찾아 끼워 넣습니다.

⑥ 자료는 일일이 자기 손으로 정리한다

인터넷에서 찾은 자료를 긁어 붙이기로 정리하다 보면 내용이 하나도 기억나지 않습니다. 애써 모은 자료를 필요할 때마다 꺼내 쓰려면 자료를 그때그때 일일이 자기 손으로 정리해야 합니다. 이는 실로 만만치 않지만 모아들인 정보를 내 것으로 만드는 일종의 정산 작업이기에 소홀히 할 수 없습니다. 무엇보다 일일이 내 손으로 정리하고 정돈해야만 남의 생각과 내 생각이 머릿속에서 뒤엉켜 버리는 것을 막을 수 있습니다. 그래서 내 것인지 남이 것인지 헷갈리는 바람에 나도 모르게 표절하게 되는 위험을 예방할 수 있습니다.

⑦ 완전한 문장으로 정리한다

'입사 후 1년 퇴사 지양'

이렇게 요약해 둔 자료가 있다고 칩시다. 대체 누가 무엇을 어떻게 했다는 것인지 내용을 알 길이 없습니다. 자료를 데이터로 만들어 저장할 때는 가급적 육하원칙을 중심으로 주어, 술어, 목적어 등 문장 성분이 완전한 문장으로 써야 합니다.

→ 직장인이 입사 후 1년 이내에 퇴사하는 것은 지양해야 한다.

⑧ 문구점 차리기

머릿속에서는 생각 정리를 마쳤는데 손가락 끝에서 맴돌기만 할 뿐 글로 표현하지 못하는 막막한 상황에 시달리는 경우가 많습니다. 이때 우연히 보게 된 다른 이의 글에서 발견한 어휘나 문장이 막힌 곳을 뚫어 주기도 합니다.

어휘 구사나 문장 쓰기는 배워서 되는 게 아닙니다. 다양한 글을 많이 읽고 정리하며 흉내 내는 과정에서 내 것이 되고는 합니다. 문구를 모아들이기가 우선이지요. 인터넷 카페를 열고 당신만의 문구점을 차리세요. 인터넷 카페는 검색 기능이 있어서 필요한 문구를 찾아 쓰기도 편하거든요.

문화 전문가 조승연 씨는 그 많은 이야기를 어떻게 수집할까요? 자료에 따르면 그는 '월요일에는 〈뉴욕타임스〉, 화요일에는 〈르몽드〉, 수요일에는 〈재팬타임스〉…' 이런 식으로 저명한 해외 신문의 기사를 인터넷으로 찾아 읽으며 방송에서 이야기할 거리를 찾는다고 합니다.

저 또한 정말로 많은 자료를 사전에 준비해 책을 쓰거나 글을 씁니다. 저는 읽은 책에서 소개하는 자료의 출처를 찾아 원전에 도달하고 원전을 찾아 읽으며 자료에 대한 이해의 폭을 넓힙니다. 또 구글에서 일본

어로 검색합니다. 이렇게만 해도 다채로운 재료를 얻어 저와 같은 주제를 이야기하는 다른 이의 글보다 더욱 솔깃한 글을 쓸 수 있습니다. 수집하는 자료가 많기도 하거니와 필요할 때 바로바로 찾아 쓸 수 있도록 보관하기가 제 주특기입니다.

힘 있는 글은 간결하다.
문장에는 불필요한 단어가 없어야 하고
단락에는 쓸데없는 문장이 없어야 한다.
모든 단어가 군더더기 없이 제 목소리를 내야 한다.

_윌리엄 스트렁크 2세(코넬대학교 영문학 교수)

제4강

🖊

어떻게
마음이 움직이는
글을 쓸까?

간결하고 명료하게 자신의 메시지를 표현하는 능력은
저절로 돋보이게 마련입니다.
당신의 메시지가 무엇이든, 읽기 수월하게 쓰는 비결은
탄탄한 문장에 있습니다.
탄탄한 문장은 정확하고 명료하며 간결합니다.

150년 하버드 글쓰기 비법

왜 하버드에서는
에세이 쓰기를
가르칠까?

하버드대학교는 논리적으로 사고한 결과물을 독자에게 전달할 때 에세이 형식을 사용합니다. 하버드는 지원하는 학생들이 써서 낸 입학 전형용 에세이를 엄격하게 평가하지요. 하버드대학교에 합격한 학생들의 에세이집이 우리나라에서도 번역 출간되었는데요. 수준이 상당합니다. 이야깃거리를 발굴하는 능력, 화제를 흥미롭게 끌고 가는 힘, 문장력 등 어느 하나 소홀한 점이 없습니다.

에세이로 서술 능력을 평가받은 하버드 신입생들은 4년 내내 에세이 쓰기를 배웁니다. 입학해서 배우는 에세이는 논리정연한 설득력을 갖추어야 합니다. 논문 형식을 따르지만 논문보다는 가벼운 수준이지요.

에세이는 하버드대학교에서뿐 아니라 미국 등 서구 사회에서 자신의 메시지를 전달하는 논리적 글쓰기의 전형입니다. 발표나 공유를 목적으로 쓴 보편적인 산문으로 읽는 이가 메시지를 빠르게 전달받도록 내용을 짜임새 있게 구성해야 합니다. 논문, 업무 글쓰기, 픽션 글쓰기를 제외한 거의 모든 글쓰기가 에세이 형식에 포함됩니다. 요즘에는 칼럼이라는 말도 자주 쓰이는데요. 칼럼은 신문에 기고된 사회적 이슈를 다룬 글을 지칭합니다. 제한 없이 두루 쓰기에는 에세이라고 하는 것이 더 적절합니다.

하버드생이 배우는 글쓰기 프로그램은 수준별, 단계별로 치밀합니다. 어느 과정에서든 제법 긴 분량의 에세이 3편을 써 내야 수료할 수 있고 졸업하려면 반드시 글쓰기 프로그램에서 D학점 이상을 받아야 합니다. 그래서 하버드생은 논리정연하게 구성한 쓸거리, 즉 메시지를 서술하면서 에세이 형식에 필요한 모든 기술을 배웁니다. 제목 짓기, 도입부 쓰기, 단락 지어 쓰기, 인용하여 쓰고 책임지기, 그리고 메시지 전달력을 좋게 만드는 문장 표현까지 배웁니다.

메시지를 만드는 단계와 마찬가지로 학생들은 에세이를 쓰며 다양한 문제에 직면하는데요. 그럴 때는 교내 글쓰기 센터에서 전문가에게 일대일로 피드백 받으며 어려움을 해결합니다. 그들은 이렇게 에세이를 쓰면서 에세이 쓰기를 배웁니다.

에세이는 자신의 생각과 의견을 일리 있고 조리 있게 전달하여 독자에게 원하는 반응을 끌어내는 데 최적화된 산문 양식을 말합니다. 하버드대학교의 교육 목표 중 하나가 이것입니다.

"모든 학생에게 글을 읽히고 쓰게 하며 설득력 있게 에세이 쓰는 법을 알게 만든다."

의사와 환자의 만남을 기록한 영상을 분석했더니 의사가 환자의 이야기를 듣는 시간이 평균 11초에 불과했습니다. 그래서 환자들의 불만이 상당한 것으로 드러났습니다.

이것은 미국의 경우입니다.

대형 병원 입원 환자들이 의사들의 '위로와 공감 지수'에 최하점을 주었습니다.

이것은 우리나라의 경우입니다.

의사가 의료 사고 소송을 예방하려면 환자, 보호자와 소통을 잘해야 한다고 합니다. 어떻게 하면 의사들이 잘 소통하게 될까요? 이 답을 미국의 유명한 의과 대학에서 듣습니다.

미국 컬럼비아대학교 의과 대학 학생들은 문학과 글쓰기를 배웁니다. 문학과 글쓰기로 서술 능력을 키우기 위해서입니다. 이 프로그램을 담당하는 소설가 넬리 허먼은 소설을 창작하며 서술력을 기를 수 있다고 장담합니다. 서술이란, 핵심 내용을 독자가 빨리 받아들이도록 정보와 자료를 구성하여 이야기하듯 들려주는 방식을 말합니다. 에세이 쓰기는 서술 능력을 기르는 가장 빠른 방법입니다. 그래서 하버드생은 쓸거리를 에세이 형식에 담아 독자에게 전달합니다.

밀어붙이지 않고
내 이야기를 처음부터 끝까지 하는 법

한 글로벌 기업의 임원 출신인 예비 저자는 어려움을 실토했습니다.

"나는 40년 가까이 직장을 다니는 동안 보고서 쓰기의 달인이었습니다. 나는 아무리 복잡하고 긴 내용도 딱 보고서 한 장으로 일목요연하게 작성했습니다. 그래서 직급에 상관없이 나에게 보고서 쓰는 법을 배우고는 했습니다. 그런데 회사 밖에서는 글 한 편 쓰기가 왜 이렇게 힘듭니까?"

이는 직장 경험이 많을수록 개조식 글쓰기에 특화되기 때문입니다. 개조식 표현은 아이디어나 메시지를 요약하거나 짧게 끊어서 단어 몇 개로 조사도 없이 이어 붙여 쓰는 것을 말합니다. 이런 문장은 명사형 어미 '~함', '~임'으로 종결합니다. 또한 문법을 고려한 흔적도, 논리도 발견하기가 어렵습니다. 그런데 다른 글도 이렇게 쓰면 독자에게 밀어붙이기만 하니 설득력이 있을 리 없고 재미는 더 없지요. 조직 안에서 이런 무미하고 건조한 방식이 통하는 이유는 아는 사람들끼리, 무슨 내용을, 왜, 보고, 듣고, 받는지 사전에 합의된 상황에서 사용되기 때문입니다.

이런 식으로 수 년, 십수 년, 수십 년 동안 습관을 들이다 보면 개조식이 아닌 글은 쓰기가 어렵습니다. 주어니 술어니 하는 문장 성분을 갖추어 문장 한 줄 쓰기도 곤욕스러워집니다. 그러니 쓸거리를 조곤조곤 풀어쓰는 글, 설득하는 글은 기대조차 어렵습니다. 억지로 쓰는 글은 읽기에도 고역입니다.

오레오 공식을 활용해 핵심을 주장하고 증명하여 쓸거리를 완성했다면 이제 그것을 독자에게 전달해야겠지요? 하버드대학교에서는 '5단락 에세이'에 쓸거리를 담아 전달합니다. 에세이 쓰기 단계에서는 쓸거리를 빠르게 전달하기 위한 단어와 문장, 단락이나 제목 등을 표현하는 세부 기술이 필요합니다. 이런 기술을 미리 배워야만 에세이를 잘 쓸 수 있다면 4년이 아니라 14년을 배워도 모자랄 것입니다.

전문 작가들도 표현과 전달 기술은 쓰면서 경험으로 배우고 쓴 글을 전문가에게 첨삭받으며 배웁니다. 여기에서는 에세이 표현과 전달에 쓰이는 최소한의 기술, 그러나 결정적인 기술 몇 가지를 소개합니다.

—
최고 수준의
글쓰기
'하버드 에세이'의 기술

글 잘 쓰기로 소문난 창의성 개발 전문가 켄 로빈슨. 그는 TED 최고의 조회 수를 기록한 강연자로도 유명합니다. 켄 로빈슨은 글쓰기와 강연에 적용하는 자신만의 비법을 이렇게 공개했습니다.

"에세이 작법에는 오래된 공식이 있습니다. 좋은 에세이는 '무엇을, 그래서 어떻게? 이제는 무엇을?'에 답하는 것이다. 연설도 비슷합니다."

에세이는 핵심 메시지 하나를 주장하고 이를 뒷받침할 타당한 이유와 합리적인 근거로 증명하는 글쓰기 방식이자 형식입니다. 에세이는 한 번에 하나의 메시지로 독자가 빨리 이해하도록 내용을 전개해야 합니다. 그래야 독자가 집중합니다. 독자의 흥미와 관심을 끝까지 사로잡는 방법은 글에 독자가 알아야 할 내용과 정보를 그들이 알고 싶은 순서대로 배열하는 것입니다. 독자나 청중은 언제나 이 3가지를 궁금해합니다.

'무슨 내용이지?'
'왜 그래야 하지?'
'그래서 어쩌라고?'

독자는 이 순서로 궁금해합니다. 우리 뇌는 사실보다 이야기를 좋아합니다. 설득에 필요한 수치만 나열해서는 뇌를 빨리 이해시킬 수 없습니다. 핵심을 압축해 일관되고 논리정연한 이야기로 바꾸어야 뇌가 메시지를 빨리 받아들이고 쉽게 이해합니다. 그러니 에세이 내용도 이 순서대로 구성되어야 독자를 충족할 수 있습니다.

요즘처럼 뉴스에 가짜 뉴스까지 차고 넘치는 시대에는 독자의 눈길을 끌기만 해도 성공입니다. 하지만 독자가 내용을 끝까지 읽어 주지 않으면 내가 원하는 반응도 끌어낼 수 없습니다. 제목에서 마지막 문장까지 독자가 몰입해 끝까지 읽어 내는 에세이를 쓰게 만들기 위해 하버드대학교가 구사하는 전략은 '5단락 쓰기'입니다. 단락 글쓰기에 능하다는 것은 사고를 논리정연하게 전개할 줄 안다는 증거랍니다.

하버드생은 5단락 구조로 에세이 쓰기를 연습해 단락 글쓰기를 수월하게 여기게 됩니다. 모든 기술은 핵심적인 방법을 반복하면 능숙해지는 법이니까요.

하버드생이 에세이를 쓸 때 지키는 5가지 조건

'5단락 에세이'는 이 순서대로 5개 단락인 에세이를 말합니다. '서론, 본론, 결론'의 서술 구조를 따르되 본문을 3단락으로 강화한 구성이지요. 에세이는 한 주제에 대한 생각을 앞뒤가 들어맞고 타당하게 서술해야 합니다. 글 쓸 때 맨 먼저 고려할 점은 독자가 읽고 싶게 읽기 쉽게 내용을 짜임새 있게 구성하는 것입니다. 그래야 메시지를 빠르게 전달할 수 있으니까요. 하버드생은 에세이를 쓸 때 5가지 조건을 갖추도록 배우고 연습합니다.

① 한 번에 하나의 주제를 다룬다

에세이 한 편에서 핵심 주제는 단 하나여야 합니다. 그래야 메시지를 짜임새 있게 구성하고 핵심을 빠르게 전달할 수 있습니다.

② 논리적 설득력을 갖춘다

사실, 수치, 사례, 증언 등 다양한 글감을 이용해 논리정연하게 설득합니다.

③ 문장 성분을 갖춘 완성문으로 서술한다

성분이 불완전한 문장은 필자의 생각을 온전히 담아내기가 어렵습니다. 이런 문장으로는 상대방에게 핵심을 제대로 전달할 수도 없습니다.

④ 5단락으로 구성한다

일반적인 산문 형식은 '서론, 본론, 결론'입니다. 하버드식 에세이도 이 구조에 기반을 둡니다. 도입과 종결을 각각 1단락씩, 본문은 비중 있게 3단락을 써서 모두 5단락으로 내용을 구성합니다.

⑤ 1,500자 내외로 쓴다

에세이 한 편은 한 번에 한 호흡으로 읽기에 적당한 분량이 좋습니다. 3분 안에 읽게끔 1,500자 내외로 구성하면 집중력이 약해질 대로 약해진 요즘 성인 독자가 완독할 확률이 높습니다.

덜어 내고 집중하는
1,500자의 마법

하버드대학교가 입시에서 에세이 분량을 명시하지는 않습니다. 하지만 하버드에 제출된 엄청난 양의 지원 에세이를 제치고 입학 사정관의 눈에 들어서 제대로 평가받으려면 그들이 읽고 싶은 마음이 들게끔 한 페이지로 끝내야 한다고, 인터넷에서 발견한 '하버드 지원 에세이 쓰기'의 전문가들은 조언합니다. 보다 구체적으로 에세이 한 편은 400단어에서 600단어로 쓸 것을 조언하더군요. 이보다 적은 분량으로는 진정성 있는 메시지를 전하기 어렵다며 짧게 에세이를 쓰려는 시도는 오히려 '시간 낭비일 뿐'이라는 모습이 인상적이었습니다.

독자가 메시지를 전달받기에 충분하면서도 핵심을 빠르게 전달받으려면 에세이는 몇 자나 쓰면 될까요? 결론부터 말하면 '한눈에 보일 만큼만 쓴다'입니다. 독자가 한 번에 읽을 수 있는 최적의 분량을 써야 합니다.

한 번에, 한눈에 읽기 좋은 분량의 글로는 신문에 실리는 칼럼이 있습니다. 신문 칼럼들은 평균 1,000자 분량입니다. 입시나 입사용 자기소개 글도 1,000자로 분량을 제한하는 경우가 많습니다. 대입 논술 전형에서도 제시한 분량을 지키지 못하면 감점되기도 합니다. 에세이 분량을 제한하는 것은 독자가 잠깐 동안 읽기 쉽게 쓰도록 하기 위함입니다. 분량이 적으면 적을수록 내용을 압축해야 하므로 창의성을 발휘해야 합니다. 분량이 작을수록 표현은 더욱 간결하고 명료해야 하지요. 이런 이유로 분량을 지켜 에세이를 쓰게 하는 조건은 글쓰기로 인재를 가리는 데 더없이 중요합니다.

경영연구소가 밝힌 자료에 따르면 요즘 인터넷 자료는 주로 모바일에서 읽기 때문에 텍스트는 30줄이 최대 분량입니다. 잘 읽히는 한 줄이 40자임을 감안하면 1,200자를 넘지 않아야 한다는 계산입니다. 성인

이 1분에 300자 내외를 읽는다고 하니 1,200자는 4분 내외로 읽기 좋은 분량이고요.

　신경 과학자들도 사람의 뇌는 한꺼번에 흡수할 수 있는 정보 덩어리가 3개에서 4개에 불과하고 이 서너 가지의 정보조차도 받아들이는 데 5분에서 6분을 넘기지 않아야 한다고 합니다. 이런 자료를 토대로 하면 글 한 편에 최적의 분량은 1,200자에서 1,500자 정도입니다. 그래서 저도 1,500자 이내로 분량을 제한합니다. 하버드대학교가 메시지를 전달하는 수단으로 활용하는 에세이는 모두 5개 단락입니다. 그러므로 한 단락당 300자를 쓰면 전체 1,500자 분량의 에세이를 쓰게 됩니다.

─
레고를 조립하듯
에세이 초고
완성하기

하버드식 에세이는 핵심 내용을 주장하고 증명하는 과정에서 수치, 사실, 사례, 증언 등 다양한 데이터를 활용하는 논리정연한 에세이입니다. 오레오 공식을 토대로 만든 메시지를 그대로 에세이 형식에 담아내기만 해도 뇌가 빨리 이해하고 기억하는 스토리텔링 법칙을 따르는 것입니다. 이를 활용하면 메시지를 담아내는 기술을 따로 배울 필요가 없는 셈이지요.

오레오 공식은 쓰려는 내용을 생각과 자료를 활용하여 주장하고 이유를 대고 근거를 제시하며 사례로 설득하고 실행 방법으로 의견을 강조합니다. 오레오 공식으로 정리된 생각은 일관되며 원인과 결과가 확실하게 연결되어 모순이 없습니다. 그래서 핵심을 빠르게 전하고 논리 상 허점이 없는 이야기로 상대방에게 원하는 반응을 끌어낼 수 있습니다. 사람은 이성적으로만 설득되지 않아서요. 그런 만큼 오레오 공식으로 구축하는 쓸거리와 메시지에는 사실과 수치, 연구 결과와 이야기가 풍성합니다. 게다가 일리 있고 조리 있게 설득을 끌어냅니다.

오레오 공식을 활용해 에세이를 쓰면 하버드식 5단락 에세이 쓰기 기술을 따로 익히지 않아도 됩니다. 우리는 오레오 공식으로 만든 4단계 메시지로 간단하게 5단락 하버드식 에세이를 구성할 수 있습니다. 오레오 공식은 4단계로 구성되고 각 단계가 곧 하나의 단락입니다. 단계마다 논리의 흐름에 맞추어 독자가 이해하기 쉽게 생각을 모아 배열하면 저절로 단락 글쓰기가 됩니다. 레고 브릭을 하나씩 조립하여 작품을 만들 듯 'O.R.E.O.'를 단계별로 만들어 연결해 에세이의 초고를 완성하세요.

글쓰기 고수들이 구사하는
단락 쓰기

생각을 설득력 있게 전달하려면 많은 생각과 자료가 동원되어야 합니다. 독자가 이해하기 쉽도록 자료를 분류하고 분배하여 글을 짜임새 있게 구성하지 않으면 독자는 읽기 불편해하고 서너 줄 읽다가 포기할 것입니다. 글쓰기 고수들은 단락 구사에 능합니다. 의미 단위로 내용을 구분 지어 단락으로 만들고 단락들을 매끄럽게 연결하여 술술 읽히는 글을 만듭니다. 에세이를 단락 몇 개로 구성하면 독자가 무슨 내용인지 파악하기에 편합니다. 또 내용을 정확하고 빠르게 이해할 수 있습니다. 온라인에 글을 쓸 때도 의미 단위별로 단락을 나누어 쓰면 검색 엔진이 단락의 핵심 정보를 신속하게 파악하여 검색도 빨리 됩니다.

오레오 공식을 가동하여 각 단계를 만듭시다. '의견 주장, 이유 제시, 사례 제시, 의견 강조' 각 단계마다 문장 한 줄로 개요를 뽑아냅니다. 문장으로 정리한 단계별 개요는 단락별로 핵심 주제가 됩니다. 핵심 주제를 뒷받침하는 보충 내용과 세부 내용을 더해 단락으로 완성합니다. 이렇게 만든 각 단락은 하나의 미니 에세이라 할 수 있을 만큼 완성도를 자랑합니다. 이 단순한 작업만으로 4단락이 완성되고 여기에 독자의 흥미를 끄는 도입부 단락을 추가하면 완벽합니다.

그림 '하버드식 5단락 에세이'를 보세요. 하버드생이 메시지를 전달할 때 사용하는 5단락 에세이 형식을 기초로 하여 한눈에 파악하도록 만들었습니다.

하버드식 5단락 에세이

단락별 분량은 핵심 주제, 보충 내용, 세부 내용을 다 합쳐 300자 내외로 쓰면 충분합니다. 한번 연습해 볼까요? 오레오 공식으로 메시지를 개발하기 위해 의견을 주장하는 단계의 문장을 완성했습니다. 이 한 줄로 300자 내외인 단락을 만들어 봅니다.

Opinion(의견 주장)
관찰력을 기르려면 그저 집중해서 보는 게 제일 낫다.

1) 핵심 주제

관찰력을 기르려면 그저 집중해서 보는 게 제일 낫다.

2) 보충 설명 1

글로벌 스터디가 펴낸 보고서에 따르면 전 세계 60개국 주요 기업의 최고 경영자 1,500여 명이 '향후 5년간 기업 경영과 리더십에서 가장 중요한 요소'로 창의성을 꼽았다. 기업의 미래가 창의성에 걸려 있음을 알고 많은 기업이 창의와 혁신을 좇는다.

3) 보충 설명 2

혁신이 선택지를 넘어 기업의 생존을 좌우하는 시대다. 곳곳에서 혁신과 창의를 부르짖으며 기염을 불태우지만 정작 성공한 사례들을 살펴보면 혁신은 하나같이 사소한 것을 관찰하고 그 속에서 뭔가를 발견하는 데서 시작한다.

4) 정리

창의성은 세상에 없던 것을 만들어 내는 것이 아니라 관찰력이 주도한다. 본다고 다 보는 게 아니다. 제대로 보려면 잘 보아야 한다. 관찰을 잘 한답시고 기록하거나 사진 찍는 행동은 오히려 잘 보기를 방해한다. 잘 보려면 무엇을 보든 제대로, 오래, 깊이, 느리게 보는 습관을 들여야 한다.

150년 하버드 글쓰기 비법

단락의 필수 요소인 핵심 주제와 보충 설명을 엮어 서술하면 300자 내외 단락이 만들어집니다.

→ 관찰력을 기르려면 그저 집중해서 보는 게 제일 낫다. IBM 글로벌 CEO 스터디가 펴낸 보고서에 따르면 전 세계 60개국 주요 기업의 최고 경영자 1,500여 명이 '향후 5년간 기업 경영과 리더십에서 가장 중요한 요소'로 창의성을 꼽았다. 기업의 미래가 창의성에 걸려 있음을 알고 많은 기업이 혁신과 창의를 부르짖으며 기염을 불태우지만 정작 성공한 사례들을 살펴보면 혁신은 하나같이 사소한 것을 관찰하고 그 속에서 뭔가를 발견하는 데서 시작한다. 창의성은 관찰력이 주도한다. 관찰에는 집중이 가장 중요하다. 관찰력을 기르려면 메모지나 카메라를 챙기지 말고 현장에 나가자. 그러면 온 마음을 다해 보이는 것에 집중할 수 있다.

세상 모든 글이 넘어야 하는 3번의 벽, 0.3초 / 4.4초 / 180초

글쓰기는 독자에게 말을 거는 행위입니다. 길 가는 모르는 사람에게 말을 걸려면 그 사람을 우선 멈추어 서게 해야지요. 그리고 그가 나를 돌아보게 해야 하고, 마침내 그가 내 말을 듣고 싶게 만들어야 합니다. 이런 식이 아니면 독자에게 말 걸기는 불가능한 미션일 것입니다.

독자에게 말 거는 데는 각각 제한 시간이 있는데요. 지나가는 사람을 멈추어 서게 하는 데 0.3초, 나를 돌아보게 하는 데 0.8초, 내 말을 듣고 싶게 만드는 데 4.4초입니다. 이게 가능할까요? 가능, 불가능을 떠나 그 사람이 내 글을 읽게 만들려면 0.3초, 0.8초, 4.4초라는 마의 벽을 돌파해야 합니다. 뇌 과학자와 심리학자들은 사람들이 무언가를 할지 말지 판단하는 데 0.3초가 걸린다고 하고, 특정 웹 페이지에 머무는 시간은 4.4초라고 연구 결과를 발표했습니다.

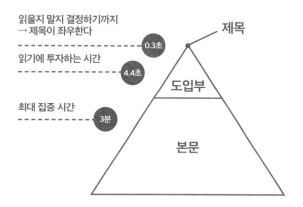

독자가 내 글에 허락한 시간 0.3/4.4/180초

읽을지 말지 결정하기까지
→ 제목이 좌우한다 ---- 0.3초

제목

읽기에 투자하는 시간 ---- 4.4초

도입부

최대 집중 시간 ---- 3분

본문

연구 결과에 따르면 독자가 내 글에 허락한 시간은 맨 처음 0.3초입니다. 그야말로 '쓱' 하는 순간에 누군가에게 선택받지 못하면 내가 쓴 글은 세상에 존재하지 않게 됩니다. 제목이 가까스로 선택받았다 해도 이제는 4.4초의 벽을 넘어야 합니다. 0.3초, 4.4초의 벽을 차례로 넘으면 이번에는 180초 동안 독자가 에세이를 다 읽도록 만들어야 합니다. 검색창 하나로 세계인을 잡아 두는 구글 연구진이 찾아낸 결과, 요즘 사람들의 집중력은 8초라고 합니다. 그러니까 180초 동안 8초마다 다른 곳에 관심을 빼앗기지 않게끔 글을 써야 합니다.

오레오 공식으로 개발한 메시지를 하버드식 에세이로 전달하는 데 가장 중요한 점은 무슨 수를 쓰든 독자가 글을 읽게 만드는 것입니다. 독자에게 핵심을 빠르게 전달하고 원하는 반응을 끌어내려면 우선 독자의 눈에 띄어야 하고, 독자가 에세이를 읽고 싶게 매혹해야 하고, 그리고는 필자의 제안을 접하도록 끝까지 읽기 쉽게 만들어야 합니다.

이렇게 어려운 일을 해내는 첫 주자가 제목이며 다음에는 도입부가 바통을 이어받습니다. 도입부까지만 읽게 만들면 그다음은 오레오 공식으로 탄탄하게 조직한 메시지가 받쳐 줄 것입니다. 요지는 '제목과 도입부가 어떻게 그 어려운 일을 하게 쓰는가'입니다.

빠르게 잘 읽히는 에세이 구조는 이렇습니다.

제목: 0.3초에 흥미 자극

도입부: 4.4초간 관심 끌기

본문: 일리 있고 조리 있게 논리적 완결성을 갖춘 구성

결론

→ 1,500자 내외로 한 번에 하나의 메시지, 3분 안에 원하는 반응 끌어내기

보자마자
선택받는
헤드라인의 비밀

요즘 사람들은 정보 비만 환자입니다. 집중력 지속 시간이 금붕어보다 못한 8초에 불과하지요. 그들은 뉴스든, 블로그 포스트든, 광고든, 이메일이든 제목만 보고 건너뜁니다. 요즘 이렇게 헤드라인만 골라 읽는 소비자들을 '헤드라인 쇼퍼'라고 합니다. 헤드라인 쇼퍼들은 신문, 웹 페이지, 책, 잡지도 헤드라인이 끌리지 않으면 눈길 한번 주지 않습니다.

당신의 글이 읽힌다는 것은 이런 무자비한 환경에서 독자에게 선택받는다는 뜻입니다. 당신의 글이 단번에 선택받으려면 헤드라인, 즉 첫 문장부터 선택받아야 합니다. 제목은 모든 글의 첫 문장입니다. 첫 문장은 두 번째 문장을 읽게 하려고 존재합니다. 두 번째 문장은 세 번째 문장을 읽게 하려고 존재하고요. 그러므로 첫 문장이 읽히지 않으면 그 다음은 전혀 없습니다.

독자에게 선택받는 첫 문장을 쓰려면 제목을 쓰지 마세요. 헤드라인을 쓰세요. 페이스북이 '공유와 좋아요'를 가장 많이 끌어낸 글을 분석했더니 서술형으로 쓰인 헤드라인이었다고 합니다.

'폭염으로 해변은 밤에만 북적'
'국내로 돌아오는 해외 유학생 급증'
'휘발유 값 급등으로 자가 운전 감소'

에세이의 운명이 첫 문장인 헤드라인에 달렸다면, 독자에게 0.3초 안에 읽히려면 몇 자나 써야 할까요? 저는 헤드라인을 15자 이내로 쓰게 합니다. 이 기준은 외국 영화의 한글 자막이 7자 이내로 2줄임을 감안한 것입니다.

제목(타이틀): 무슨 내용인지 알린다.
헤드라인: 정보를 포함하여 읽고 싶게 만든다.

제목에는 내용을 짐작할 정보가 없어서 독자가 그냥 지나칩니다. 반면 헤드라인은 솔깃한 정보로 독자를 매혹합니다. 다음 두 문장을 보세요. 어느 쪽이 확 끌리나요?

'서울시청 홈페이지 챗봇 사용률 제고를 위한 제안'
'서울시청 챗봇, 클릭률은 높은데 왜 사용률은 저조할까?'

위는 전형적인 제목, 아래는 헤드라인입니다. 아래 문장이 궁금증을
자극하며 읽고 싶게 만들지요.

쇼퍼를 자극하는
헤드라인 4단계

1단계: 핵심 메시지를 이용한 헤드라인

오레오 공식 1단계에서 핵심 의견을 주장문인 '~하려면 ~하라'로 정
리했습니다. 정리된 핵심 의견은 그 자체로 헤드라인입니다.

'집에 빨리 가려면 똑똑하게 보고하라'
→ 보고가 똑똑해야 집에 빨리 간다

'평생 현역으로 살려면 당신의 책을 가져라'
→ 당신의 평생을 책임지는 한 권의 책

'모은 돈 하나 없이 퇴사하려면 블로그부터 하라'

→ 모은 돈 하나 없이 당장 퇴사하기

2단계: 이유와 근거를 활용하는 헤드라인

이유와 근거로 의견을 증명하는 2단계에는 헤드라인 소재가 무궁무진합니다. 이유를 묻는 용도로 쓰이는 핵심 단어들을 사용하면 애쓸 것도 없이 헤드라인을 만들 수 있습니다. '왜, 어째서, 이유, 까닭, 비결' 같은 단어를 활용하여 헤드라인을 만들어 보세요.

'리바이스가 150살 젊어진 비결'

'하버드 출신들은 어떻게 글 쓰는가'

'글 잘 쓰는 사람이 연애도 잘하는 이유는?'

3단계: 사례를 활용한 헤드라인

주장한 의견을 증명하려고 끌어온 누군가의 사례는 독자의 호기심을 유발하기에 훌륭한 소재입니다. '사연, 이야기, 스토리' 같은 사례를 상징하는 단어를 활용해 금세 헤드라인을 만들 수 있습니다.

'세계 1위 주식 투자가 워런 버핏이 글쓰기 상을 받은 사연'

'무라카미 하루키가 여행기를 쓰는 방식'

'백종원이 들려주는 식당 창업에 얽힌 이야기'

4단계: 행동 제안을 담는 헤드라인

의견을 강조하거나 실행 방법을 제안하면 헤드라인으로 그만입니다. 특히 '~하는 방법 N가지' 포맷은 SNS에서 공유가 잘되는 헤드라인으로 검증받았습니다.

'하버드생처럼 글을 잘 쓰게 되는 방법 단 한 가지'

'김제동식 말하기 비법 7가지'

'빅마마가 제안하는 냉장고 묵은 재료로 만드는 찌개 3'

영화 예고편 같은 도입부를 쓰는 기술

잠시도 집중하기 힘든 독자의 마음을 순간 사로잡아 내 글로 유인했다면 이제 두 번째 문장을 읽게 만들어야 합니다. 헤드라인이 첫 문장이라면 두 번째 문장은 글의 시작인 도입부입니다. 여기에서 글의 첫인상을 좌우합니다. '더 읽어 볼까?' 하는 마음이 생기도록 해야 합니다. 영화의 예고편처럼요.

도입부에서 빠뜨리지 말아야 할 점은 이제부터 펼쳐질 글의 내용을 간략하게 안내하는 것입니다. 독자는 필자가 무엇을 하는 사람인지, 무슨 이유로 글을 쓰는지, 그동안 어떤 글을 써 왔는지 전혀 모릅니다. 그런 사람에게 대뜸 자기 이야기만 털어놓으면 독자는 얼마나 황당하겠어요?

도입부에서 이 글의 상황을 요점만 짚어 제시하세요. 어떤 의도로 이런 내용을 썼으며 독자가 무엇을 알아야 하는지 미리 이야기하면 독자가 내 글에 더 집중합니다.

'오늘도 나는 일찌감치 신촌으로 향한다. 지하철이 신촌역에 도착하기도 전부터 내 심장은 두근거린다. 오늘도 예비 저자들은 자신이 써 온 글을 소리 내 읽고 동료들의 의견과 나의 피드백을 들으며 독자에게 전할 메시지를 견고하게 만들어 간다. 오늘은 글쓰기에서 매우 중요하지만 단 한 번도 제대로 배워 보지 못한 기술을 다루는 날이기도 하다.'

이렇게 시작하는 글이라면 독자는 '무슨 내용이지?' 하겠지요? 이런 생각이 들었다면 이미 독자는 몰입이 깨져서 더는 읽지 않습니다. 도입부에서는 무슨 내용의 글인지 알려 주는 징검다리를 놓아 독자에게 연결해야 합니다.

→ 오늘도 나는 일찌감치 신촌으로 향한다. 지하철이 신촌역에 도착하기도 전부터 내 심장은 두근거린다. 책 쓰기 코치인 나는 메시지 전달력이 탁월한 책을 쓰게 하기 위해 '하버드식 글쓰기 수업'을 진행한다. 이 수업은 2009년부터 매주 토요일 신촌에 있는 모임 센터에서 진행했다. 오늘도 예비 저자들은 자신이 써 온 글을

소리 내 읽고 동료들의 의견과 나의 피드백을 들으며 독자에게 전할 메시지를 견고하게 만들어 간다. 오늘은 글쓰기에서 매우 중요하지만 단 한 번도 제대로 배워 보지 못한 기술을 다루는 날이기도 하다.

고쳐 쓴 글은 무슨 내용인지 충분히 감이 잡히지요? 여기에서도 궁금증은 생기지만 이번에는 다음 내용을 얼른 읽게 만듭니다. 이처럼 특별한 사연이나 사건, 사고를 이야기하려면 무슨 내용인지 미리 밝혀서 독자의 몰입을 유지해야 합니다.

글을 흥미진진하게 시작하는 4가지 노하우

오레오 공식으로 메시지를 만들면 헤드라인뿐 아니라 도입부도 얼마든지 흥미진진하게 만들 수 있습니다.

① 놀라운 사실로
'미래의 공장에는 종업원이 단 둘밖에 없을 것이다. 사람 한 명과 개 한 마리다. 사람은 개에게 먹이를 주려고 거기에 있을 것이다. 개는 그 사람이 기계를 건드리지 못하게 막으려고 거기에 있을 것이다.'
오레오 공식 2단계와 3단계인 이유 대기와 사례 들기에 많이 포함됩니다.

② 흥미로운 사례로

'"영국인 90퍼센트가 세금을 냈습니다." 영국 국세청에서는 세금 체납자에게 보낸 독촉장에 이 한마디를 더해 세금을 전년도 대비 9조 3,000억여 원을 더 거두었다.'

3단계의 사례 자료는 도입부에 배열하여 독자를 몰입시키기에 그만입니다. 집중력을 끌어낼 수 있습니다.

③ 인용문으로

'행복한 사람은 모두 비슷비슷한 모습을 하고 있는데 불행한 사람은 제각기 다른 모습을 하고 있다.'

메시지를 담은 인용문 한 구절은 독자가 다음 글을 읽게 만듭니다.

④ 내가 이 이야기를 하는 이유와 핵심 의견 언급

'다트머스대학교 뇌과학부의 엠마 템플턴 연구진이 400명을 대상으로 실험한 결과, 2가지 이상 행동을 동시에 하면 집중력이 흐트러져 어느 하나도 제대로 기억하지 못하는 것으로 드러났다. 내가 왜 이 이야기를 하는가 하면 관찰력을 기르려면 기록하거나 사진을 찍기보다 보는 것에 집중하는 것이 훨씬 낫다고 말하기 위해서다.'

지금까지 알려지지 않은 새로운 이유나 근거를 도입부에 제시하면 독자는 호기심을 좇아 글에 빠져듭니다. 이 대목에서 주의해야 할 점은 흥미로운 자료로 독자의 관심을 끌려고 한 이유를 핵심 메시지와 관련하여 제시해야 한다는 것입니다. 이럴 때는 '내가 이 이야기를 하는 이유는'으로 문장을 시작하는 것이 좋습니다.

읽으면
바로 이해되는
문장을 쓰는 방법

'가전계의 애플'이라고 불릴 만큼 일본 가전제품 브랜드 발뮤다는 군더더기 없는 디자인으로 유명합니다. 이 회사의 홈페이지도 심플 그 자체입니다. 디자인뿐 아니라 제품을 소개하는 글도 냉정하리만큼 간결합니다. 그러나 제품 소개가 부족하다고 느껴지지도 않습니다. 미사여구를 생략하고 핵심 위주로 썼으니까요. 발뮤다가 고객과 소통할 때는 친근한 말투와 배려심 가득한 표현보다는 꾸미지 않은 간결한 언어를 사용합니다. '소비자가 빨리 이해하게끔 핵심 내용만 간결하게 표현하는 데 중점을 둔다'가 이 회사 대표 테라오 겐의 소신이라고 합니다. 예를 들어 공기 청정기를 설명할 때 '우리 집 공기'라는 표현을 '실내 공기'

라고 단순화하는 정도입니다.

　광고물에 실리는 카피, 광고 문안은 한 자 한 자 거액을 들여 만든 글입니다. 카피를 쓰는 카피라이터들은 세상에서 가장 비싼 글을 쓰지요. '카피라이터의 아버지'라 불리는 데이비드 오길비는 무엇이든 사게 만드는 글을 쓰는 비결로 '명료한 글쓰기'를 꼽습니다. 광고 문안이든 보고서든 에세이든 칼럼이든 이메일이든 혹은 문자 메시지든 글은 명료함이 우선입니다. 필자가 무슨 말을 하고 싶은지 명료하게 쓰면 독자도 빠르게 이해하고 반응합니다. 어떤 글쓰기에서든 요구되는 '메시지를 최대한 간단명료하고 군더더기 없이 전달하기'에 성공하는 방법은 문장을 탄탄하게 쓰는 것입니다. 문장이 탄탄하면 거기에 담긴 생각은 저절로 간결하고 명료해집니다.

　"글에서 특수 용어나 복잡한 문장 구조는 악당이다. 40년 이상 기업들이 정리하고 보관한 문서를 연구했다. 그런데 내용에 알맹이가 없다고 결론 내리는 경우도 많았다. 그 원인은 자신이 의도한 메시지를 제대로 전달하지 못했기 때문이다."

　글쓰기로 주주, 대중과 소통하는 워런 버핏도 핵심에 집중하는 간결함이 가장 중요하다고 역설합니다. 그는 읽기 어려운 글은 무슨 내용을 말하는지 모르고 쓴 필자의 잘못이라고 잘라 말합니다. 간결하고 명료한 표현을 위해 문법을 많이 배워야 한다고 겁먹지 마세요. 문장의 기본을 지키는 것으로 충분합니다. 오히려 현란한 수사나 에두른 표현,

전문 용어와 은어 남발은 독자의 이해를 가로막는 악당입니다. 문장의 기본 성분인 주어와 술어를 갖추어 쓰는 것만으로 가능합니다.

텔레비전뿐 아니라 인터넷도 사람을 바보로 만드는 시대지요. 인터넷을 뒤덮은 대충 쓴 글, 아무렇게나 쏟아 낸 글, 기본 문법조차 맞지 않는 글, 허세만 가득 찬 글, 딱하고 옹색한 글들에 익숙해져 주어와 술어를 갖춘 간단한 문장 한 줄도 제대로 쓸 줄 모르는 시대입니다. 이럴 때일수록 간결하고 명료하게 자신의 메시지를 표현하는 능력은 저절로 돋보이게 마련입니다. 당신의 메시지가 무엇이든 읽기 수월하게 쓰는 비결은 탄탄한 문장에 있습니다. 탄탄한 문장은 정확하고 명료하며 간결합니다.

서술하기란 '누가 무엇을 하는가'를 이야기하는 것입니다. 그렇다면 문장도 '누가 무엇을 하는가'에 초점을 맞추면 됩니다. 다시 말해 '누가 무엇을 하는가'에 해당하는 문장 성분인 주어와 술어를 제자리에 두는 것만으로 문장은 저절로 탄탄해지고 탄탄한 문장에 실어 나르는 내용은 저절로 명료하게 표현됩니다. 명료하게 표현된 문장은 독자에게 빠르게 전달되고요. 횡설수설, 중언부언, 오락가락으로 점철된 글은 대부분 주어와 술어가 제자리에 있지 않거나 제 기능을 못해 일어난 참사입니다.

핵심을 빠르게 전달하여 원하는 반응을 끌어내려면 필자에게서 독자에게로 메시지가 이동하는 동안 흐트러짐 없는 탄탄한 문장일 때 가능합니다. 그러려면 주어와 술어가 제자리에서 제 역할을 충실히 수행하면 됩니다. 메시지의 전달력이 탁월한 탄탄한 문장을 쓰는 기술은 주어와 술어의 영역이라는 것만 기억하시기 바랍니다.

주어를 제자리에 쓰기

"대한민국은 민주공화국이다. 대한민국의 주권은 국민에게 있고 모든 권력은 국민으로부터 나온다."

헌법 1조의 전문입니다. 첫 문장은 딱 두 구절 입니다. 그런데 좀 이상합니다. 이 문장에서 주어는 누구인가요? 대한민국? 주어를 찾기 위해 이 조항이 나오기 전 등장하는 전문을 먼저 읽어 봅니다.

"유구한 역사와 전통에 빛나는 우리 대한국민은 3·1운동으로 건립된 대한민국임시정부의 법통과 불의에 항거한 4·19 민주 이념을 계승하고, (중략) ~할 것을 다짐하면서 (중략) 헌법을 이제 국회의 의결을 거쳐 국민 투표에 의하여 개정한다."

전문에 보니 '우리 대한국민'이라고 주어가 확실합니다. 그러므로 헌법 1조의 첫 문장 '대한민국은 민주공화국이다'의 주어는 '우리 대한국민'이며 헌법 1조의 문장은 이렇게 바뀌어야겠네요.

'우리 대한국민은 대한민국은 민주공화국이라고 말한다.'

어때요? 생략된 주어를 찾아 제자리에 놓는 것만으로 메시지가 한결 명료하고 더 빠르게 전달되지 않나요? 헌법학자 이국운 선생님이 쓴 책에서 읽은 내용입니다.

〈한겨레신문〉을 보다가 일본 도쿄 스미다구 요코아미초 공원에 세워진 '주어가 빠진 추모비' 이야기를 읽었습니다. 추모비에는 이런 내용의 비문이 실려 있습니다.

"이 역사를 영원히 잊지 않고 재일 조선인과 굳게 손을 잡고 일조친선, 아시아의 평화를 세우겠다." (한겨레신문 〈관동대지진 92년…학살당한 조선인 추모비엔 "주어가 없다"〉)

이 추모비는 1923년에 발생한 관동대지진 당시 일어난 조선인 학살 사건에 희생된 조선인을 추모하기 위해 세워졌습니다. 하지만 누가 세웠는지 문장만으로는 알 수 없습니다. 주어가 없으니까요. 그러니 누가 추모비를 세웠고 누가 조선인 학살을 주도했는지 추론조차 할 수 없습니다. 추모비를 세운 이를 주어로 세우면 그가 바로 조선인 학살의 주체일 공산이 크겠지요. 추모비의 이 문장은 주어가 없기 때문에 책임도 면하고 있습니다. 이런 식으로 주어 없이 문장을 쓰면 내용에 책임지지 않겠다는 의도가 읽힙니다. 문장에 주어를 반듯하게 세우는 일은 자신이 쓴 문장에 책임을 지는 일입니다.

주어가 있어야 할 자리를 지켜 주면 문장은 저절로 탄탄해지고 탄탄한 문장으로 전달되는 메시지는 신뢰를 더합니다.

다음은 간단한 문장인데 허술한 느낌이 듭니다. 주어가 없으니까요. 주어를 찾아 제자리에 놓아 둡니다.

'예비 교사를 위한 글쓰기 모임에서 글쓰기가 힘들다고 하소연했다.'
→ 글쓰기 모임에서 예비 교사들은 글쓰기가 힘들다고 하소연했다.

우리말은 주어 없이도 말하고 듣는 데 지장이 없는 경우가 많아 주어를 생략하고는 합니다. 주어를 생략하는 습관이 생기면 주어가 반드시 필요한 순간에도 주어를 챙기지 않아 표현을 복잡하고 흐릿하게 만듭니다.

글 쓰는 도중에 내용이 복잡해지고 산만하다고 생각이 들면 주어가 제자리에 있는지 확인하세요. 주어가 자리를 지키기만 해도 문장이 탄탄해지고 탄탄한 문장은 메시지를 KTX처럼 빠르게 실어 나릅니다. 집 나간 주어를 찾아 제자리에 놓는 연습을 해 볼까요?

'제자들의 사랑을 모아 선생님의 논문집을 출간합니다.'-제자 일동

이 문장에는 주어가 없습니다. 제자들이 선생님의 문집을 출간한 것으로 추론이 가능하지요? 그렇다면 문장 속에 숨은 주어를 찾아 역할을 맡겨 볼까요?

→ 제자들이 사랑을 모아 선생님의 논문집을 출간합니다.

다음 문장은 주어가 어디에 있나요?

'반품 담당자가 살펴본 결과 세탁 흔적이 있어 반품이 불가능하다는 결론을 내렸습니다.'

이 문장도 주어가 가출했지요. 주어를 제자리에 돌려놓습니다.

→ 반품 담당자는 옷을 살펴보고 세탁 흔적이 있어 반품이 불가능하다고 결론을 내렸습니다.

주어가 생략되어 문장이 힘을 잃고 휘청거릴 때도 있습니다. 주어가 사람이 아닌 경우에 주어는 더욱 쉽게 생략되기 일쑤입니다. 그러면 문장은 수동태로 전락합니다.

'이 책에서는 사람의 마음을 움직이는 단어 사용법을 다루고 있다.'

수동태는 잘 읽히지 않지요? 사람이 아닌 것도 과감하게 주어로 세워 주세요. 그러면 문장이 다시 힘을 받습니다.

→ 이 책은 사람의 마음을 움직이는 단어 사용법을 다루었다.

주어가 생략된 흔적도 없고 찾아낼 주어도 없다면, 그러니까 문장에서 행위만 있고 당사자가 없다면 입양해서라도 주어 역할을 맡겨야 합니다. 그래야 문장이 탄탄해집니다.

'추가 질문은 고객 서비스 팀으로 보내 주시기 바랍니다.'

고객 서비스 팀으로 추가 질문을 할 당사자는 고객이겠지요? '고객님'이라는 주어를 입양하기로 합니다.

→ 고객님께서 추가로 질문할 것이 있으시면 저희 고객 서비스 팀으로 연락 주시기 바랍니다.

'나, 저, 우리' 같은 인칭 대명사로 주어를 꾸미면 메시지가 한결 친근해집니다.

'최고 경영자는 품질을 높이는 것이 회사를 다시 일으켜 세우는 열쇠

라고 생각한다.'

여기에 '우리'라는 인칭 대명사를 입양합니다.

→ 우리의 최고 경영자는 품질을 높이는 것이 우리가 회사를 다시 일
   으켜 세우는 열쇠라고 생각한다.

술어를
적극적으로 쓰기

메시지를 빠르게 전달하려면 문장이 탄탄해야 합니다. 우선은 주어
를 제자리에 두어 글을 책임지게 하는 것이 중요합니다. 그런 다음 주
어의 짝이자 문장의 의미를 전달하는 데 결정적 역할을 하는 술어에게
원래 역할을 다하도록 일깨웁니다. 투자 회사 버크셔 해서웨이의 워런
버핏 회장은 투자를 잘하는 만큼 글도 잘 씁니다. 해마다 주주들에게
편지를 쓴 공로를 인정받아 미국 정부에서 주는 글쓰기 상을 탈 정도인
데요. 그가 알려 주는 글을 잘 쓰는 비법이 있습니다.

'적극적 동사를 써라.'

그래요, 적극적인 술어를 사용하세요. 그러면 술어가 술어답게 제 몫
을 해냅니다. 적극적인 술어는 물리적이든 정신적이든 행동을 표현합
니다. 문장의 주체가 무엇을 하는지, 했는지를 명확하게 설명합니다.

그래서 독자에게 메시지를 분명히 전달하는 데 큰 기여를 합니다.

'이 강아지는 보기보다 사납다.'

'사납다'는 술어는 실제로 하나도 사납게 여겨지지 않습니다. 적극적인 술어로 바꿔 봅니다.

→ 이 강아지는 걸핏하면 사람들의 바짓가랑이를 물어뜯습니다.

적극적이고 강한 술어는 눈썹 화장처럼 메시지를 인상 깊게 만들어 줍니다.

'민재는 어머니에 대한 그리움을 담아 편지를 썼다.'

'썼다'는 술어가 밋밋합니다. 강한 술어로 바꿔 쓰면 문장이 살아 움직이는 느낌이 듭니다.

→ 민재는 어머니에 대한 그리움을 담아 편지를 꾹꾹 눌러썼다.

지루할 틈 없는 문장이 잘 읽히고 메시지를 전달하는 속도도 빠릅니다. 메시지의 전달력을 떨어뜨리는 나쁜 습관 중 하나가 소극적인 술어로 표현하는 것입니다.

'글쓰기 코칭은 생각하기 코칭이다.'

'~이다', '~가 되다'같이 표현된 술어는 거품 빠진 맥주처럼 맛도 멋도 없습니다. 독자도 읽기가 지루합니다. 적극적인 술어로 바꿔 봅니다.

→ 글쓰기 코칭은 생각을 잘하도록 돕는다.

어떤 단어에 '~이다', '~하다'를 붙여 술어로 사용하면 문장이 어려워지기도 합니다. 읽기 싫어하는 요즘 독자는 어려운 문장이 등장하면 읽지 않고 덮어 버리지요? 의도에 맞는 술어를 찾아 역할을 맡기세요. 그러면 메시지가 활어처럼 팔딱이며 독자에게 달려듭니다.

'서울에서 부산까지 열차를 이용하면 온실가스를 감축하여 소나무 11그루를 심는 효과를 봅니다.'

감축하다는 말이 어렵습니다. 쉬운 말로 바꿔 봅니다.

→ 서울에서 부산까지 열차를 이용하면 온실가스를 줄여서 소나무 11그루를 심는 효과를 봅니다.

다음 문장은 내용이 쉽고 간단한데 표현은 어렵습니다.

'사장은 3명의 직원의 해고 결정을 내렸다.'

꼬인 것을 일일이 풀고 술어에 힘을 실어 줍니다.

→ 사장은 직원 3명을 해고하기로 결정했다.

주어와 술어를
가깝게 두기

주어는 주어대로 술어는 술어대로 제자리를 지키고 제 역할을 하게 만드는 것만으로도 탄탄한 문장을 쓸 수 있습니다. 탄탄한 문장은 간결하고 명료하여 빠른 속도로 의미를 전달합니다. 그런데 주어, 술어가 자리를 지키고 있음에도 문장이 어려운 경우가 있습니다. 주어와 술어가 친하지 않아서 그렇습니다. 주어와 술어가 서로에게 어울리지 않으면 내용이 복잡하고 어렵습니다. 주어와 술어를 잘 어울리도록 하여 친하게 지내도록 도와줄까요?

'저는 글쓰기는 퇴근한 후 조금씩 씁니다.'

주어 '저는'과 술어 '씁니다'가 어울리지 않지요. 주어와 술어가 잘 어울리게 바꿔 씁니다.

→ 저는 퇴근한 후 조금씩 글을 씁니다.

글자 수가 줄었는데도 의미는 더욱 분명해졌습니다. 문장이 탄탄해졌기 때문입니다.

또한 주어와 술어가 서로 너무 멀리 떨어져 있으면 어울리기 힘듭니다. 주어와 술어를 가까이 붙여 놓기만 해도 문장이 탄탄해집니다.

'이 연구는 21세기의 주인공이 될 대학생들의 사고 활동을 강화하여 먼저는 자아실현과 경제적 독립을 꾀하고 나아가 사회 발전을 위해 헌신하도록 읽기와 쓰기를 통해 사고 활동을 강화하자는 데 목적이 있기 때문이다.'

이 문장의 주어는 '이 연구는'이고 술어는 '~기 때문이다'입니다. 주어와 술어가 너무 멀리 떨어져 있어 서로를 도울 수 없기 때문에 문장이 길어지고 복잡합니다. 주어와 술어를 가까이 두면 문장은 곧바로 쉬워지고 탄탄해지는데요. 이 과정에서 문장이 2개로 나뉩니다. 각각 주어와 술어를 지닌 탄탄한 두 문장이 서로 받쳐 주면서 메시지를 빠르고 확실하게 전달합니다.

→ 이 연구는 읽기와 쓰기를 통해 대학생들의 사고 활동을 강화하자는 데 목적이 있다. 21세기의 주인공이 될 대학생들이 사고 활동을 강화하면 먼저는 자아실현과 경제적 독립을 꾀하고 나아가 사회 발전을 위해 헌신할 수 있기 때문이다.

《주홍글씨》의 작가 너새니얼 호손은 이런 말을 했습니다.
"읽기 쉬운 글은 쓰기 어렵고 쓰기 어려운 글은 읽기 쉽다."

독자가 읽기 쉬운 글을 쓰려면 필자가 여러모로 고생을 해야 한다는 뜻입니다. 저는 이 말을 이렇게 고쳐 활용합니다.
"읽기 쉬운 문장은 의외로 쓰기 쉽다. 주어와 술어만 잘 갖추면 된다."

이제 글을 쓰면 탄탄한 문장인지 체크해 보세요.

'내용이 구체적으로 표현되었나?'
'주어와 술어가 제자리에 있나?'
'적극적인 술어를 사용했나?'

一
잘못한 글,
이상한 글,
남의 글

전문가들은 말합니다. 사람의 인상을 정하는 요인에서 38퍼센트를 차지하는 것이 목소리이며 목소리는 그만큼 한 사람의 정체성을 상징한다고요. 그런데 사람들 대부분이 자기 목소리를 잃은 채로 산다고 합니다. 하버드생은 일과 삶에서 자기 목소리를 내며 살기 위해 4년 내내 글쓰기를 배웁니다.

전주에서 일하는 버스 기사 허혁 님은 매일 페이스북에 글을 씁니다. 일터인 시내버스에서 일어난 일들을 스케치하듯 썼고, 그렇게 모은 글이 제법 되자 글을 묶어 출판사에 보냈습니다. 내로라하는 출판사 몇 군데에서 '오케이!' 하며 달려들었지요. 글은 《나는 시내버스 기사입니다》로 출간되었습니다.

출판 분야는 유명한 사람들의 독무대였는데 이제는 우리의 이웃이 무대를 채웁니다. 이분들의 책이 하루아침에 베스트셀러 순위에서 상위를 차지하는 일도 종종 벌어집니다. 거창할 것도 대단할 것도 없는 생활인으로서 경험한 자신의 이야기를 자기 식대로 조곤조곤 풀어쓰기가 이분들의 특징입니다. 비록 문장은 거칠어도 글에서 발견되는 진정성에 독자들은 매료되고 독자들이 나서서 책을 전도합니다. 어눌해도 자신의 생각을 자신의 언어로 말할 때 가장 공감되는 법이어서요.

당당하지 못한 글보다
거친 글이 훨씬 좋다

그런가 하면 소셜 미디어에서는 남의 생각, 남의 언어를 긁어다 붙여놓고는 자기 것처럼 으스대는 글들이 흘러넘칩니다. 남의 글이라고 출처나마 밝히는 쪽은 양반입니다. 책 쓰기, 글쓰기 수업을 하면서도 남의 생각이 자신의 것인 줄 착각하는 분을 많이 만납니다. 이런 사람은 글은 많이는 쓰지만 자신의 생각은 없습니다. 학벌 좋고 직업 좋고 경력도 출중한 분들은 자신의 경험과 생각을 엮어 이야기하기 좋을 텐데 여기저기에서 좋다는 내용을 긁어모아 자기가 썼다고 자랑합니다.

안타까운 점은 이분들이 그 내용을 정말로 자신이 쓴 자신의 생각이라고 믿는다는 것입니다. 이런 사람일수록 이해력이 좋고 암기력이 뛰어나 남의 글이나 책에서 본 내용을 오래도록 기억하기 마련이고, 이런 상태에서 글을 쓰면 기억들을 자기 것처럼 떠올려 쓰게 되거든요. 내 머릿속에서 떠올렸으니 내 것인지 남의 것인지 확인할 필요도 못 느낍니다. 이렇게 쓴 글은 어디서 많이 본 듯한 느낌을 주고 지루합니다. 메시지도 없습니다.

영향력은 우리 시대에서 가장 큰 권력입니다. 이것은 자기 머리에서 나온 자기 생각을 자신의 목소리로 전할 때 가장 강력하게 발휘됩니다. 글쓰기는 영향력을 빚어 내는 과정입니다. 독자를 자신이 원하는 방향으로 반응하게 만드는 영향력은 자기 생각을 자기 목소리로 전하는 데서 시작합니다. 물론 필요하다면 남의 말, 남의 생각을 빌려올 수도 있습니다. 그러나 하려는 말의 핵심, 쓰려는 글의 뼈대만큼은 필자 자신의 것이어야 합니다. 그래야 목소리가 분명히 드러날 테니까요. 내 목소리로 글을 쓰기 위해서는 남의 글을 긁어모아 짜깁기해 놓고 내가 쓴 글이라고 우기기를 그만두어야 합니다. 생각이 서툴러도 표현이 거칠어도 내 목소리로 표현하고 전달하기를 연습하세요.

하버드대학교는 예비 신입생이 소셜 미디어에 음란 메시지를 올렸다는 이유로 입학 허가를 취소할 만큼 글쓰기에 윤리를 매우 엄하게 요구합니다. 학업 과정에서 거짓말을 하거나 커닝 등 부정행위를 하면 아너 코드를 위반한 것으로 간주하여 정학이나 퇴학 등으로 처벌합니다. 특히 리포트를 베끼거나 남의 글을 표절하는 것은 지적 재산을 절도하는 행위로 규정하여 더욱 엄격하게 처벌합니다.

초보 필자는 글을 쓸 때 필요한 자료를 충분히 모으지 않거나 모은 자료를 제대로 활용할 줄 모릅니다. 그들이 글쓰기를 어려워하는 이유 중 하나이지요. 자료를 충분히 확보하지 않은 상태에서 글을 쓰려면 여기저기 남의 자료를 가져와 쓸 수밖에 없습니다. 이러면 내 목소리가 남의 자료에 묻혀 버립니다. 그래서 독자가 보면 필자의 말은 하나도 없고 온통 남이 한 말들뿐입니다. 이런 글은 읽히지 않을뿐더러 글쓴이가 자기 글에 책임질 줄 모르는 사람으로 낙인찍히기 때문에 위험합니다.

—
표절과 도용 위험을
원천 봉쇄하는
인용과 바꿔 쓰기

내 메시지에 재미와 힘을 더하는
직접 인용과 간접 인용 기술

남의 자료를 인용하는 방법은 내 글을 설득력 있게 전달하고 읽을 재미가 나게 하는 묘수입니다. 하지만 같은 이유로 내 글을 쓰는데 남의 글, 남의 경험, 남의 목소리가 뒤섞이는 바람에 내 고유의 목소리를 낼 수 없습니다. 그래서 하버드대학교는 글쓰기 수업에서 다양한 방식으로 인용 기술을 폭넓게 가르쳐 학생들이 표절 위험에 빠지지 않도록 돕습니다. 남의 글로 내 목소리를 내는 방법을 가르치지요.

남의 글과 남의 표현은 원작자와 출처를 밝히고 사용하는 것이 원칙입니다. 남의 글을 무단으로 가져다 쓰는 것을 표절이라고 하는데요. 나의 주장을 증명하기 위해 모은 자료가 남의 지식이나 생각을 빌려온 것이라고 인식하지 못하고 내 것처럼 사용하면 표절 혐의를 받습니다.

　인용 기술을 따로 배워야 하는 이유는 인용한 자료가 내 메시지를 교란하지 않도록 지켜 내기 위해서입니다. 가장 손쉬운 방법으로는 직접 인용이 있습니다.

　"0.1초 만에 고객을 사로잡는 한마디를 만들려면 짧은 단어를 써야 합니다. 짧은 단어는 '보는' 것이고, 긴 단어는 '읽는' 것입니다. 고객은 읽지 않습니다. 빼도 의미 전달에 지장이 없는 단어는 과감히 빼세요. 긴 문장을 최대한 줄여 한눈에 보이게 만드세요. 수동태보다 능동태로, 부정적인 단어보다 긍정적인 단어로, 관념적인 단어보다 구체적인 단어로 쓰세요. 메시지가 빠르게 전달됩니다."

　(《끌리는 단어 혹하는 문장》, 송숙희 지음, 유노북스 펴냄)

　직접 인용은 인용 문장을 그대로 옮긴 후 원래 자신의 글과 구분되도록 따옴표로 묶고 원작자와 출처를 표시하는 방법입니다. 원작자와 출처를 표시했다고 무한정 남의 자료를 가져다 쓰면 글의 신뢰성을 떨어뜨릴 위험이 있습니다. 필요한 만큼 최소한만 인용해야 합니다.

　하버드대학교는 학생들에게 가급적 간접 인용을 권하는데요. 간접 인용은 직접 인용하기와 내용의 차이는 없지만 남의 생각을 쓰인 그대로 옮기지 않고 해당 부분의 의미를 살리면서 내 방식대로 해석하고 압축하여 표현합니다. 이 방법에서도 인용한 부분에는 원작자와 출처를 밝혀야 합니다.

'송숙희 글쓰기 코치는 최근 출간된 저서《끌리는 단어 혹하는 문장》에서 자신이 글쓰기 수업을 오래 해 온 경험에서 볼 때 '0.1초 만에 독자를 사로잡으려면 최대한 짧은 단어를 써야 한다'고 지적합니다.'

빌려 쓸 말이 명료하고 간결하면 정확히 그대로 옮겨 쓰고 앞뒤에 인용 부호를 넣는 방식으로 직접 인용합니다. 그렇지 않다면 내용을 요약하여 자신의 문장으로 인용합니다.

같은 의미 다른 표현으로
글을 빌리는 바꿔 쓰기 기술

하버드대학교는 표절과 도용 위험을 원천 봉쇄하는 차원에서 심혈을 기울여 인용 기술을 가르칩니다. 그중 공들여 가르치는 기술이 패러프레이징입니다. 우리말로는 '바꿔 쓰기'쯤이겠지요. 패러프레이징은 인용할 부분을 충분히 소화하여 핵심은 그대로 담되 나의 문장으로 표현하는 것을 말합니다. 빌려온 남의 생각, 남의 표현, 남의 경험을 내 목소리로 바꿔 표현하기 때문에 글 속 내 목소리가 방해받지 않습니다. 물론 이때도 빌려온 내용의 출처는 반드시 밝혀야 합니다.

'십수 년 동안 일반인들에게 글쓰기를 코칭해 온 송숙희 코치는 글 잘 쓰는 사람은 단어를 잘 골라 쓴다고 말한다. 문장은 단어의 연결인 만큼 어떤 단어를 골라 어떻게 배열하는가에 따라 같은 말이라도 전달력이 다르다는 것이 그의 지론이다. 그는 최근에 펴낸 책《끌리는 단어 혹하는 문장》에서 글을 잘 쓰는 또 다른 방법인 단어 사용 기술을 조목조목 안내한다.'

앞쪽에서 인용했던 내용을 바꿔 쓰기 한 것입니다. 전혀 다른 표현으로 같은 의미를 전달하고 있습니다. 글쓰기는 내 생각을 나의 문장으로 표현하여 전달하는 것입니다. 바꿔 쓰기는 남의 생각을 내 식으로 이해하고 소화해서 나의 생각으로 재구성하여 나의 문장으로 표현하는 방식이다 보니 따라 하기가 쉽지 않습니다. 독해력, 분석력, 추론력, 문장력이 총동원되는 큰 작업이거든요. 그러나 내 목소리로 내 메시지를 말해야 독자가 빨리 전달받는다는 전제를 기억한다면 어렵더라도 해야 할 일입니다. 쓰기 어려운 글은 읽기 쉽고 쓰기 쉬운 글은 읽기 어려운 법이어서요.

다른 사람의 경험이나 일화로 내 주장에 힘을 실을 때도 인용 기술이 필요합니다. 남의 이야기로 내 주장을 증거하는 작업이니만큼 내용을 필요한 만큼만 요약하거나 내 글에서 필요한 방향으로 재구성하여 인용해야 합니다. 초보 필자는 남의 사례를 빌려 쓸 때 내용 전부를 옮겨 적는 일이 흔합니다. 마치 현장을 생중계하듯 시시콜콜하게 풀어놓고는 합니다. 특히 끝없이 주거니 받거니 하는 대화를 요약하지도 않고 그대로 옮기거나 '하하하, 호호호' 같은 의성어와 의태어까지 충실하게 옮겨 쓰기도 합니다. 필자는 자신의 경험이라 신이 나서 떠벌리지만 독자에게는 궁금하지도 알고 싶지도 않은 남의 이야기일 뿐입니다. 남의 생각이든 남의 경험이든 내 글을 위해 빌려 쓸 때는 필요한 만큼 요약하거나 재구성하는 감각이 필요합니다. 또 반드시 출처를 밝혀야 합니다.

　어떤 내용이 더할 나위 없이 훌륭하고 간결하게 표현되어서 바꿔 쓰기 하면 같은 효과를 내기 어렵다고 보일 때, 원문의 힘을 잃어버릴 위험이 있을 때는 간접 인용을 합니다. 이런 위험이 없으면 바꿔 쓰기가 좋습니다. 간접 인용과 바꿔 쓰기는 비슷한 방법이지요? 본문에 쓰인 단어들을 그대로 옮겨 쓰면 간접 인용, 표현을 전혀 다르게 바꾸면 바꿔 쓰기입니다.

　인용과 표절은 한 끗 차이입니다. 일부 내용을 빌려 썼다고 표시하면 인용입니다. 표시 없이 그냥 쓰면 남의 지식을 절도한 표절이 됩니다. 우리나라 저작권법은 저작물을 창작하여 발표한 순간 저작권이 자동으로 발생하며 어떤 절차나 방식도 필요하지 않습니다. 저작권 표시가 따로 없어도 저작권법으로 보호받습니다.

　직접 인용이든 간접 인용이든 혹은 다시 쓰기든 요약 쓰기든 남의 것을 빌려 쓴 이상 출처를 밝히는 것이 원칙입니다. 글쓰기 수업에서 이 출처 표시가 생각보다 어렵다는 하소연을 자주 듣습니다. 그래서인지 남의 책에서 한 단락이나 옮겨 써 놓고 '어느 책에서 본 구절이다'로 얼버무리는 경우를 많이 보는데요. 이렇게 출처를 얼버무리면 무단 사용으로 오해받습니다.

출처 표시는 독자들이 글을 읽는 데 지장이 없는 선에서 고려해야 합니다. 최근 들어서는 긴 글을 읽어 내는 힘이 약화된 독자를 고려하여 출처를 문장에 녹여 내는 방식을 많이 씁니다. 읽는 데 방해되지 않도록 문장의 의미를 해치지 않으면서도 남의 글을 빌려왔다는 표시를 빠뜨리지 않는 것이 중요합니다.

인용과 바꿔 쓰기
예시 문장

① 문장에 녹여 내기

괄호 등 문장 부호는 독자의 읽기를 방해합니다. 문장에 해당 내용을 포함하여 씁니다.

'내가 부끄러웠던 것은 내 아이디어가 여성 주간지적 지적 욕구(다치바나 다카시 표현에 따름)에 사로잡혀 큰 그림을 보지 못했다는 것이다.'

→ 내가 부끄러웠던 것은 내 아이디어가 일본의 지성이라 꼽히는 다치바나 다카시가 말한 수준, 즉 여성 주간지적 지적 욕구에서 벗어나지 못했기 때문이었다.

② 핵심 출처만 밝히기

남이 인용한 자료를 내가 다시 인용할 때 출처를 표시하려면 복잡합니다. 이럴 때는 인용하여 전하려는 내용의 어디에 중점을 두는지 파악해서 그 부분에 초점을 맞추어 출처를 표시합니다.

'신세계 이마트 패션레포츠팀 안영미 팀장의 성공 비결 인터뷰 중 실력도 중요하나 무엇보다 조직 전체를 위한 희생과 사명감이 전제되어야 하는 것이라고 강조했다. (〈머니투데이〉 2012. 6. 12.)'
→ 신세계 이마트 패션레포츠팀 안영미 팀장은 "실력도 중요하나 무엇보다 조직 전체를 위한 희생과 사명감이 전제되어야 하는 것"이라고 강조했다.

직접 입수한 자료가 아니니 어떤 경로를 통해 들었는지 간략하게 밝힙니다.
→ 신세계 이마트 패션레포츠팀 안영미 팀장은 한 신문 인터뷰에서 "실력도 중요하나 무엇보다 조직 전체를 위한 희생과 사명감이 전제되어야 하는 것"이라고 강조했다.

특종 등의 이유로 특정 신문에서 인터뷰했다는 것이 중요할 때는 거기에 초점을 맞춥니다.

→ 신세계 이마트 패션레포츠팀 안영미 팀장은 〈머니투데이〉 인터뷰에서 "실력도 중요하나 무엇보다 조직 전체를 위한 희생과 사명감이 전제되어야 하는 것"이라고 강조했다.

③ 원전을 읽고 직접 인용하기

빌려 쓰는 문장이나 단락에 포함된 인용을 그대로 옮겨 쓰면 이중 인용이 됩니다. 그러면 내용이 꼬여 전달력이 뚝 떨어집니다. 이럴 때는 원전을 읽고 직접 인용해야 좋습니다.

'○○기업 홍보실 김○○ 과장은 글쓰기 전문가 송숙희 코치가 자신이 쓴《끌리는 단어 혹하는 문장》서문에서 "0.1초 만에 클릭하는 한마디를 쓸 줄 아는 능력이야말로 이 시대의 최고의 무기다"라고 말했다고 사보에 글을 썼다.'

이 문장에서 옮겨 쓰고 싶은 내용이 '단어를 혹하게 쓸 줄 아는 능력이 이 시대 최고의 무기다'라면 이 내용의 원전인《끌리는 단어 혹하는 문장》을 찾아 읽고 이렇게 정리하면 간결해집니다.

→ 혹하는 단어를 사용하면 홍보도 쉬워진다. 글쓰기 코치 송숙희는

자신이 쓴《끌리는 단어 혹하는 문장》의 서문에서 0.1초 만에 클릭하는 한마디를 쓸 줄 아는 능력이야말로 이 시대의 최고의 무기라고 말했다.

④ 바꿔 쓰기

글은 바꿔 쓰기에 따라 얼마든지 다른 모습이 됩니다. 다음은 하나의 원문을 3가지 버전으로 바꿔 쓰기 한 것입니다.

원문

스티븐 코비는《성공하는 사람들의 7가지 습관》이라는 초베스트셀러를 쓴 작가다. 그가 파산하자 한 기자가 물었다. "성공학을 책으로 써 내 많은 사람에게 성공 비결을 알려 주었는데 당신은 어째서 파산한 겁니까?" 그러자 그는 이렇게 답했다. "내가 쓴 대로 살지 않았기 때문입니다."

→ 바꿔 쓰기 1

《성공하는 사람들의 7가지 습관》은 대단한 저작물이다. '세계적인 베스트셀러'라는 수식이 전혀 아깝지 않다. 그러나 저자인 스티븐 코비는 파산했다. 이 소식에 온 세계에 퍼져 있는 그의 독자들이 깜짝 놀랐다. 한 신문사 기자도 그중 한 사람. 궁금증을 참지 못해 그에게 질문했다. "많은 사람에게 그토록 성공의 영감을 안겨 준 분이 왜 파산한 겁니까?"

그의 대답은 이러했다. "내가 책에 쓴 대로 살지 않았기 때문입니다."

→ 바꿔 쓰기 2

"내가 책에 쓴 대로 살지 않았기 때문입니다."

《성공하는 사람들의 7가지 습관》으로 아주 큰 명예를 얻고 부를 축적한 스티븐 코비가 어이없게도 파산했을 때 어떤 기자가 던진 질문에 그가 한 대답이다.

→ 바꿔 쓰기 3

《성공하는 사람들의 7가지 습관》의 저자 스티븐 코비가 파산하자 누군가가 비꼬는 듯 물었다. 당신의 책은 많은 사람에게 성공의 비결을 알려 주었는데 왜 정작 당신은 성공하지 못하고 파산했느냐고 말이다. 그러자 스티븐 코비는 책에 쓴 대로 살지 않았기 때문에 망했다고 말했다.

─
나는 어떤 에세이를 쓸까?

'《언어의 온도》를 쓴 이기주,《한국의 젊은 부자들》을 쓴 이신영,《잠》을 쓴 베르나르 베르베르,《습관의 힘》을 쓴 찰스 두히그,《창문 넘어 도망친 100세 노인》을 쓴 요나스 요나손.'

잘 팔린 책을 썼다는 것 외에 이 작가들의 공통점을 아시겠어요? 여기에《공터에서》를 쓴 김훈을 추가하면 답을 짐작하는 분이 많을 겁니다. 바로 '기자 출신 작가'입니다.

기자 출신 작가는 기자 시절에 습관 들인 정확하고 명료하고 간결한 글쓰기를 기반으로 책을 씁니다. 오직 글자로만 독자의 관심을 사로잡고 유지하는 기술을 발휘하지요. 이들은 메시지 전달의 고수입니다. 이 책을 쓴 저도 여성 잡지에서 기자로, 편집장으로 잔뼈가 굵은 기자 출신입니다. 이들이 지켜 온 글쓰기의 원칙은 '명료하게 쓰고 강력하게 전달하기'입니다.

쓸거리가 분명하면 쓰는 것은 문제가 안 된다고 여러 차례 말씀드렸지요. 그렇더라도 쓸거리를 에세이에 담아내는 과정은 한 문장 한 문장에 생각을 넣어야 하기에 대부분 적잖이 신경 쓰입니다. 더구나 그냥 쓰는 것이 아니라 독자를 내가 원하는 방향으로 움직이게 만드는 영향력 넘치는 글을 써야 하니까요. 하지만 걱정하지 마세요. 전달하려는 메시지를 논리정연하게 구성했다면 이를 문장으로 풀어 내는 것쯤은 일도 아닙니다. 쓰기가 어려운 이유는 쓸거리를 충분히 이해하지 못했기 때문입니다.

지금까지 살펴보았듯이 오레오 공식으로 메시지를 개발한 이상 당신은 쓸거리를 이해하는 선을 넘어 논리정연하게 단락으로 완성했고, 에세이로 담아내기는 그저 단락을 조립하는 일일 뿐이니까요. 오레오 공식으로 메시지를 정리했다면 명료하게 간결하게 쓰는 원칙이 필요하지 않습니다. 독자가 읽기 쉽게 쓰기 위해 애쓰거나 고심할 필요가 없습니다.

하버드대학교가 쓸거리를 만드는 일에 글쓰기 수업 대부분의 시간을 할애하는 이유도 여기에 있습니다. 다시 강조하지만 쓸거리가 분명하면 쓰는 것은 문제가 되지 않습니다. 여기에서 잠시 글쓰기의 종류와 하버드에서 집중하는 에세이를 짚고 갈까요?

① 프로페셔널 라이팅

여기에서 '프로페셔널'이란 아마추어에 반한 프로라는 의미가 아니라 '직업적인'이라는 뜻입니다. 비즈니스와 업무에 필요한 글쓰기를 말합니다. 각종 보고서, 이메일, 인트라넷, 메모, 비즈니스 채팅이 여기에 포함됩니다.

② 아카데믹 라이팅

학문적 글쓰기를 말합니다. 논문, 리포트, 과제, 기고문 등이지요. 학문적 글쓰기는 논증하는 글쓰기의 대표 주자입니다. 이 과정에서 다양한 연구 결과를 참조하여 작성하는 만큼 특히 표절에 주의해야 합니다.

③ 퍼스널 라이팅

한 개인으로서 쓰는 글을 말합니다. 에세이, 칼럼, 이메일, 소셜 미디어 콘텐츠, 책이 되는 글쓰기를 포함합니다. 입사나 입사 시 작성하는 자기소개서도 여기에 해당합니다.

④ 커머셜 라이팅

마케팅과 판매 단계에 필요한 글을 말합니다. 홈페이지, SNS 상품 홍보 글, 판매 페이지 상품 소개 글, 팸플릿 등이 포함됩니다. 코로나19 팬데믹으로 모든 비즈니스가 온라인화되면서 이제 무엇을 팔든 파는 사람들은 글쓰기가 주 업무가 되었습니다.

에세이를 우리말로는 수필이라고 합니다. 우리가 수필이라 부르는 에세이는 사적 에세이에 가깝습니다.

① 오피니언 에세이

이 책에서 다루는 하버드식 에세이를 말합니다. 하나의 의견을 일리 있고 조리 있게 서술하여 독자를 글쓴이가 원하는 방향으로 설득하는 데 적합한 산문 양식입니다. 솔깃한 메시지와 논리정연한 전개, 자기주장이 분명하게 표현되고 전달됩니다.

② 퍼스널 에세이

자신을 드러내는 이야기에 공감할 만한 메시지를 실은 방식입니다. 일상을 세심하게 관찰하고, 관찰한 것을 성찰하고, 그 과정에서 인사이트를 끌어낼 줄 알아야 쓸 수 있는 생각보다 만만치 않은 방식의 에세이입니다.

③ 사적 에세이

일본 소설가 무라카미 하루키가 쓰는 것처럼 사적 에세이는 "개인의 일상을 주로 다루는 산문"으로 체험, 느낌, 인상 등을 자유롭게 표현합니다. 그의 에세이를 읽으면 하루키만의 소박한 취향과 함께 그가 즐기는 도시 생활의 멋과 흥취를 훔쳐보는 기분이 듭니다.

오레오 공식으로 정리하는 하버드식 에세이 쓰기 7단계

오레오 공식을 활용하여 쓸거리를 만들고 이를 에세이로 담아내는 과정을 정리하여 소개합니다.

1단계: 아이디어 확인하기

독자가 누구인지, 그들에게 어떤 반응을 끌어낼지를 점검합니다. 아이디어를 한 번에 정리하는 팁이 있습니다.

타깃(Target): 독자는 누구인가요?

아이디어(Idea): 독자에게 무슨 말을 할 건가요?

가치 전달(Value proposition): 독자에게 전하는 매혹적인 약속

2단계: 1줄 핵심 의견 만들기

'~하려면 어떻게 하면 될까?' 문장으로 질문을 만듭니다. 그리고 '~하려면 ~하라' 문장으로 답을 만듭니다. 답 문장이 독자에게 전하려는 핵

심입니다.

3단계: 오레오 공식으로 메시지 만들기

오레오 공식을 가동해 1줄 핵심 의견을 주장하고 증명하여 논리적 설득력을 갖춘 메시지를 완성합니다. 'O.R.E.O.' 각 항목당 1줄로 4줄짜리 메시지를 만듭니다. 이때 각 문장은 주어와 술어 등 문장 성분을 갖추어 완전하게 서술합니다.

4단계: 메시지 개요를 단락으로 만들기

오레오 공식 단계마다 정리한 문장을 단락의 주제 글로 삼고 뒷받침하는 세부 내용을 서술하여 단락을 만듭니다. 각 단계는 하나씩 짧은 에세이로도 통할 만큼 짜임새 있게 구성합니다.

5단계: 단락을 조립하여 에세이에 담아내기

에세이로 담아내기 위해 단락을 조립합니다. 'O.R.E.O.' 순서대로 단락을 배열하면 독자의 흥미와 관심을 끄는 에세이가 완성됩니다.

6단계: 편집하기

배열, 교정, 수정, 제목 달기, 도입부 쓰기가 여기에 해당합니다. 에세이가 더 잘, 더 쉽게 읽히도록 내용을 다듬습니다. 오레오 공식에는 이미 제목과 도입부가 다 들어 있습니다. 단락 가운데 흥미진진한 내용을 도입부와 제목에 활용하면 되니까요.

첫 단계 핵심 의견은 그대로 에세이의 제목으로 쓸 수 있을 만큼 강력합니다. 오레오 공식으로 개발한 논리정연한 메시지는 쓸거리가 분명하므로 쓰기는 문제 없을 것이라고 확신합니다. 다만 단락 간 연결이나 문장 표현을 공들여 점검하고 맞춤법의 오류는 없는지 꼼꼼하게 살펴 수정하면 훨씬 읽기 편한 에세이가 됩니다. 글은 고쳐 쓰는 만큼 좋아지기 마련이어서요.

7단계: 전달하기

발표나 공유를 하세요. 글은 혼자 쓰면 늘지 않습니다. 하버드 글쓰기 기술을 배워 완성한 에세이라면 다른 이들에게 읽혀도 당연히 호응 받습니다. 소셜 미디어나 사내 게시판, 사보 등에 공유하여 독자의 반응을 받아 봅니다.

내 인생에서 가장 큰 영향을 준
가장 중요한 분들은 선생님이다.
선생님에게 생각하는 방법과 글쓰는 법을 배웠기 때문이다.

_드류 파우스트(전 하버드대학교 총장)

제5강

어떻게
글쓰기를
삶의 무기로
만들까?

격변하는 사회, 급변하는 일자리 환경은
우리에게 참으로 많고 어려운 것을 요구합니다.
그러나 하버드 글쓰기 비법의 핵심인
오레오 공식을 활용한 글쓰기로 실력을 쌓으면
문제를 해결하는 능력과
이를 실현하는 창의적인 사고력도 갖추게 됩니다.

150년 하버드 글쓰기 비법

보고서, 회의,
마케팅까지
탁월한 성과를 내는 비결

단 18분 만에 대중을 들었다 놨다 하는 연설의 기적을 만드는 TED. TED를 지금의 입지로 끌어올린 크리스 앤더슨 대표는 무언가를 흥미롭게 전달하려면 다음 2가지를 놓쳐서는 절대 안 된다고 강조합니다.

'왜 이 문제가 중요한가? 이 문제는 무엇에 관한 것인가? 어떤 경험을 공유하려는가?'

'각 항목의 실제적 사례와 이야기, 사실로 살을 붙인다.'

오레오 공식이 담고 있는 내용 그대로지요? 오레오 공식으로 강연 준비를 하면 TED든 세바시든 어떤 강연에서도 단번에 스타로 부상할 수 있습니다. 이렇듯 논리적으로 사고하는 습관을 들이는 것에서부터 잘 읽히는 글쓰기는 물론 대중 강연과 프레젠테이션까지, 미팅에서 회의까지 오레오 공식은 언제 어디에서든 상대방에게 핵심을 빠르게 전달하여 원하는 반응을 재빠르게 얻어 내는 기술로 작동합니다. 마치 에스프레소 커피처럼요. 잘 볶은 원두에서 추출한 에스프레소에 뜨거운 물이나 우유, 초콜릿, 캐러멜, 얼음 등을 더하면 다양한 커피 음료를 만들 수 있듯이 어떤 소통 방식에서도 오레오 공식이 베이스가 됩니다.

오레오 공식 기반 소통 업무 수행

오레오 공식으로도 우선 논리정연하게 사고하는 능력을 기르고 업무와 사업에 필요한 글쓰기 실력을 키웁니다. 마케팅이나 세일즈를 위한 글쓰기든, 심지어 무엇이든 잘 파는 홈쇼핑 글쓰기까지, 소셜 미디어나 자기소개서 같은 퍼스널 글쓰기든, 심지어 논문이나 리포터처럼 학술 글쓰기에까지 핵심 재료로 활용할 수 있습니다.

격변하는 사회, 급변하는 일자리 환경은 우리에게 참으로 많고 어려운 것을 요구합니다. 그러나 하버드 글쓰기 비법의 핵심인 오레오 공식을 활용한 글쓰기로 실력을 쌓으면 문제를 해결하는 능력과 이를 실현하는 창의적인 사고력도 갖추게 됩니다.

요컨대 오레오 공식을 능수능란하게 활용한다면 어떤 변화가 닥쳐도 오히려 기회가 되겠지요. 상사, 고객, 동료 등 독자가 누구이고 목적이 무엇이든 원하는 방향으로 그를 움직이려면, 어떤 상황에서든 상대를 설득하려면 오레오 공식을 가동하세요. 오레오 공식과 에세이 쓰기를 업무와 사업에, 일과 일상에 활용하여 기대 이상의 성과를 올리는 방법을 알아봅시다.

글로벌 기업들이 파워포인트를 금지한 합리적인 이유

하버드대학교는 학생들에게 단지 글을 잘 쓰게 하기 위함이 아니라 직업적으로 성공하고 사회에 영향력을 발휘하는 데 요구되는 필수 소양으로써 글쓰기 능력을 길러 주기 위해 글쓰기 수업을 합니다. 하버드 글쓰기 수업의 핵심을 담은 오레오 공식은 여러분에게 사고 능력, 설득

능력, 서술 능력을 결합한 필력을 길러 줍니다. 이런 필력으로 직장과 사회 곳곳에서 존재감을 어필할 수 있습니다.

글로벌 기업과 조직들이 파워포인트를 금지하고 개조식 소통에 브레이크를 건다는 소식이 자주 들립니다. 개조식 보고서는 내용이 분명하지 않아 의사 전달에 도움이 되지 않는다는 것이 이유입니다. 특히 PPT로 회의하고 보고하는 방식은 의사를 모호하게 만듭니다. 그래서 급변하는 국제 정세에 속전속결로 반응해야 하는 기업의 생리에 맞지 않아 파워포인트 금지령을 내릴 수밖에 없다고 설명합니다.

글쓰기는 주어진 업무나 해결해야 할 문제를 생각하고, 생각해 낸 견해를 정리하여 조리 있게 전달하는 핵심 능력의 총칭입니다. 직장인에게 글쓰기는 그저 쓰는 일이 아닙니다. 문서의 빈칸을 메워서 상사에게 결재받는 단순한 일이 아닙니다. 기획서, 제안서, 보고서, 인트라넷은 물론 사내외 고객과 소통하는 이메일 작성에 이르는 중요한 커뮤니케이션 수단입니다. 그래서 글을 잘 쓴다는 것은 커뮤니케이션 역량뿐 아니라 창의적 사고에 뛰어나 문제 해결에 탁월하다는 증거입니다.

일터에서 빠른 소통을 위해 애용하는 개조식 문서는 도리어 생각을 애매하고 모호하게 만들어 정확한 의사 전달과 소통이 불가능합니다. 문서 작성 능력을 향상한다는 명분으로 개조식 쓰기를 교육하는 것은 엉성하기 짝이 없게 사고하도록 길들이기와 다름없습니다.

논리정연하게 메시지를 개발하고 이를 에세이로 담아내는 글쓰기 방식은 논리적으로 생각하고 표현하여 핵심을 빠르게 전달하는 서술 능력을 키웁니다. 서술 능력이 길러지면 서술한 내용을 요약하는 개조식 보고서 작성은 일도 아니지요. 그래서 저는 개조식 문서를 제대로 쓰려면, 파워포인트를 효과적으로 작성하려면 문서 양식을 불러오기 전에, 파워포인트를 불러내기 전에 워드 파일을 먼저 열어 에세이를 한 편 쓰라고 권합니다. 핵심 메시지를 오레오 공식을 사용해 논리정연하게 써 낼 수 있다면 개조식으로 문서나 파워포인트를 만들기는 일도 아니게 됩니다.

요즘 일선 학교에서는 디베이트 교육에도 열심이지요. 개인이든 조직이든 직면하는 다양한 문제를 해결하기 위해서는 각 분야가 협업해야 합니다. 그러자면 상대의 의견을 존중하고 내 의견을 개진하는 능력이 필수이기 때문에 디베이트 능력을 갖춘 사람이 환영받습니다. 논리적인 글쓰기를 습관 들이면 '말 잘한다'는 소리도 듣게 됩니다. 발표와 토론도 거침없이 가능합니다. 오레오 공식은 발표나 토론을 잘하는 이들이 구사하는 기술인 '핵심을 논리정연하게, 결론부터 먼저' 만드는 밑그림입니다.

디베이트는 어떠한 한 주제에 대해 서로의 의견만 나누는 것이 아닙니다. 나름의 형식과 절차를 기본으로 찬성과 반대로 편을 나누어 각자의 입장을 주장하고 설득하는 소통 방식입니다. 따라서 어느 진영이든 문제의 핵심을 정확히 간파하고 의견을 내 논리정연하게 피력하므로 사고력, 표현력, 전달력을 요합니다. 디베이트 능력을 기르기 위해 전문가들이 제시하는 방법의 핵심은 이러합니다.

'주제를 잘 이해하라.'
'상대의 의견을 잘 들어라.'
'논리적으로 의견을 주장하라.'
'논리적인 주장을 위해 근거와 예시를 많이 확보하라.'

내용 하나하나가 오레오 공식을 활용해 메시지를 구성하는 조건과 똑같지요? 실제로 입시 학원에서는 디베이트 능력을 기르려면 논리적으로 글 쓰는 연습부터 하라고 비법을 알려 줍니다.

속전속결로
결정하도록
보고하고 보고받는 법

노동 시간 단축 제도가 시행되고 퇴근 시간이 빨라졌습니까? 일도 많이 줄었나요? 밀린 업무 없이 제시간에 퇴근하려면 직장인 누구나 똑똑하게 업무를 처리해야 합니다. 전문가들은 주 52시간 근무제로 인해 기업들이 의사 결정에 소요하는 시간을 훨씬 단축해야 한다고 조언합니다. 그러면 보고 패턴도 즉석에서 결정이 가능하도록 바뀌겠지요. 경영진은 레이저 빔처럼 임팩트 강한 브리핑을 원할 터입니다. 이제 대부분의 간부들은 맥킨지 컨설턴트처럼 엘리베이터를 타고 오르는 30초도안 되는 짧은 시간에 완벽한 보고를 받길 바랄 것입니다. 이제 커뮤니케이션 능력이 탁월하면 승진도, 성공도 빠를 수밖에 없다는 비즈니스

계의 불문율이 공식화될 것입니다. 그래서 핵심을 빠르게 브리핑하는 능력을 갖춘다면 금세 눈에 뜨일 것이 당연합니다.

이런 환경에서는 1페이지로 줄인 보고서도 애물입니다. 레이저 빔 같은 브리핑에는 그에 맞는 글쓰기가 필요합니다. 오레오 공식을 이용해 딱 4줄짜리 브리핑 메모를 준비하세요. 4줄뿐이지만 여기에는 분명한 핵심, 확실한 이유와 근거, 무엇을 어떻게 하면 되는지 그려 주는 로드맵까지 표현되기 때문에 보고가 완벽하게 이루어집니다.

주 52시간 근무제가 자리 잡히면 회의실에 모여 앉아 끝없이 넘어가는 파워포인트 슬라이드를 지켜봐 줄 참을성이 사라지겠지요. 어쩌면 단 5장의 슬라이드로 순식간에 설명을 마칠 수도 있을 것입니다. O.R.E.O. 각 1장씩에 표지 1장을 더해 5장이면 어떤 내용도 핵심을 빠르게 전하는 프레젠테이션이 가능할 테니까요. 오레오 공식 단 4줄로 핵심만 콕 짚어 전달하면서도 부족함 없는 프레젠테이션이라서 자리한 사람들이 기억도 더 잘할 것입니다. 여기에 어떤 내용이든 문제를 명확히 이해하고 해결하는 사고력이 뛰어난 직원으로 인정받는 것은 기대하지 않은 효과입니다.

인공 지능이 이미 주식 관련 기사나 야구 기사를 인간 기자보다 더 잘 쓴다고 합니다. 앞으로 인공 지능이 더 잘 배우면 글쓰기 능력이 핵심인 직업군도 사라질지 모른다는 위협적인 소리가 점점 커집니다. '알파고가 바둑을 두느라 바빠서 그렇지, 사무직 보고서를 쓰면 인간보다 훨씬 잘 쓸 것 같다'는 말도 자주 들립니다. 이런 상황에서 보고서 하나를 붙들고 몇 날 며칠 끙끙대느라 팀과 조직의 생산성을 떨어뜨리는 직원은 설 자리도 없어집니다. 오레오 공식으로 글쓰기 능력을 개발하여 스마트워킹 시대의 경쟁력을 빠르게 확보하세요. 업무를 위해 글을 쓰는 데도 논리적인 생각이 필요하고 정보의 중요도와 핵심을 파악해 일리 있고 조리 있게 전달하는 노력이 중요합니다.

직업적인 경험의 핵심은 소통에 있고 중요한 일일수록 문서로 소통합니다. 상사든 사장님이든 보자마자 질문 없이, 의문 없이, 잔소리 없이 사인을 하는 그런 문서를 만들고 싶나요? 그렇다면 논리적으로 생각하게 돕고 생각한 것을 체계적으로 구성하고 표현하도록 돕는 에세이를 쓰세요. 문서를 작성하려고 보고서 파일을 열기 전에 에세이부터 쓰세요. 완성한 에세이를 축약하여 보고 문서를 만들면 논리가 탄탄하여 핵심만 명료하게 전할 수 있습니다. 이렇게 하면 문서를 만드느라 낭비되는 시간을 최소화할 수 있습니다.

문서는 결과물입니다. 혹은 특정 결과물을 내겠다는 계획입니다. 업무에서든 사업에서든 또는 공부에서든 결과를 내야 합니다. 결과를 내려면 결과를 내는 방식으로 생각해야 합니다. 하버드생이 글쓰기를 통해 배우는 논리적으로 생각하는 방법을 구조화한 오레오 공식, 이 오레오 공식이 결과를 내는 방식으로 생각하게 돕습니다. 그것도 아주 쉽고 빠르고 근사하게 말입니다.

아마존을 빅테크로 만든
글쓰기 지능

야근도 할 수 없는데, 그래서 일할 시간도 부족한데 허구한 날 회의에 불려 다닌다면 누가 좋아할까요? 그동안 회의는 훈계나 일방적인 전달과 지시에 그치고 말았습니다. 아무리 회의를 해도 결론은 나지 않고 시간만 잡아먹고 말았지요. 뾰족한 대안도 없이 질질 끄는 회의만 자꾸 열린다면 회사 전체의 생산성은 심각한 지경이 되겠지요?

오레오 공식으로 회의록을 만들어 보세요. 4칸을 하나씩 메워 보세요. 빈 칸을 다 채웠다면 회의 끝입니다. 오레오 공식을 활용하여 회의하면 안건의 문제를 인식해 결론을 내고, 결론은 논리적으로 뒷받침하고 또 실행 방법까지 앉은 자리에서 제시할 수 있습니다. 핵심만 간단하게 필요한 것 위주로 회의하게 됩니다. 시간 잡아먹는 하마인 회의로 골치 아픈 일은 없습니다.

코로나19 팬데믹 이후 일하는 방식에 혼란스러워진 기업이나 기관, 조직은 혁신의 아이콘인 아마존의 방식을 다투어 해킹합니다. 그래서 아마존의 기업 문화를 다룬 콘텐츠들이 많이 쏟아집니다.

아마존은 일찍이 구성원 개인의 글쓰기 실력이 조직의 생산성에 결정적인 영향을 미친다는 점을 간파하고 회의 방식을 바꿨습니다. 모든 회의에는 회의 자료를 사전에 준비해야 하는데 기호와 핵심 단어로 조립해 이른바 개조식으로 내용을 정리한 PPT는 사용 금지입니다. 문장 성분을 갖춘 완전 문장과 단락으로 내용을 정리한 최대 6페이지 이내의 서술형 자료라야 합니다. 이유는 오직 단 하나, 명확하게 사고하려면 서술형으로 쓰는 것이 유일한 방법이라고 굳게 믿기 때문입니다. 회의가 시작되면 회장이든 간부든 회의 자료를 30분가량 읽습니다. 이어 회의 자료와 관련된 문답을 주고 받는 시간을 갖는데, 만약 질문이 없다면 회의는 바로 종료됩니다. 회의 자료가 제대로 작성된 회의 자료에는 질문이 있을 수 없기 때문이지요.

이러한 기업 문화를 만들고 지켜 온 제프 베이조스는 "20페이지짜리 파워포인트를 구성하는 것보다 4페이지의 서술형 보고서를 쓰는 것이 더 어렵다. 서술형으로 써야 무엇이 더 중요한지, 서로 어떻게 연관되어 있는지를 더 잘 생각하고 이해하도록 유도하기 때문이다"라고 설명합니다. 회의 자료를 없애며 흉내나 내던 많은 기업이 이제 제대로 아마존 웨이를 따를 것입니다.

미국의 생산성 전문가 조시 버노프는 547명의 사업가를 대상으로한 설문 조사한 결과를 바탕으로 글쓰기 능력이 조직의 생산성을 좌우한다고 주장합니다. 〈하버드 비즈니스 리뷰〉에 실린 그의 주장에 따르면 조사 대상자의 81퍼센트, 즉 대부분의 사업가는 형편없이 쓰인 자료가 많은 시간을 낭비한다고 여긴다지요. 너무 길고 내용이 분명하지 않고 전문 용어로 가득한 형편없이 쓰인 자료는 예외 없이 소통 장애를 일으켜 생산성과 성과를 크게 떨어뜨린다고요.

나 또한 단언합니다. 대면과 비대면을 넘나드는 하이브리드 시대에는 구성원 개개인의 글쓰기가 기업과 조직의 생산성을 좌우한다고 말입니다. 못 쓴 글은 상사와 동료와 고객이 짜증 나게 하고 그들을 설득하는 데 실패하며 일을 망칩니다. 성과를 향상하는 데 기여하기는커녕 생산성을 저해하고 글쓴이의 무능을 만천하에 드러냅니다. 잘못 쓴 글은 의사 소통 실패로 인한 돈, 시간, 에너지 낭비를 불러오고 회사의 경쟁력을 약화시켜 생존을 위태롭게 합니다.

일 잘하는 글쓰기 절대 미션, 키세스(K.I.S.S.E.S.)

일본 작가 후지요시 유타카는 일본에서 잘 팔리는 글쓰기 책 100권을 탈탈 털어 글 잘 쓰는 비법을 해킹했습니다. 그 결과 100권의 책에서 예외 없이 강조한 단 하나의 절대 법칙을 찾았습니다.

'단순하게 쓴다.'

단순함은 업무상 글쓰기에서 지켜야 할 단 하나의 원칙입니다. 구글에서 연구한 자료를 보면 사람의 집중력은 8초뿐입니다. 8초마다 흔들리는 치명적인 주의력으로 내 글을 읽게 하려면 최대한 단순하게 써야 합니다. 영어권에서는 이를 두고 "K.I.S.S. 하라"라고 합니다. 'Keep It

Simple Stupid'의 줄임말로 '심플함이 제일 중요해, 바보야!'쯤으로 번역됩니다.

읽기가 스캐닝으로 변환된 세상에서 쓸데없이 긴 글, 필요없이 복잡한 문서는 누구도 읽고 싶어 하지 않습니다. 읽고 싶지 않은 글을 억지로 읽어 가며 8초마다 도망가는 주의력을 추스르며 내용을 꼼꼼히 읽고 사인할 상사나 동료는 없습니다. 글쓰기에서 단순함이란 의도와 목표에 집중하는 내용을 명료하게 표현하여 바로 이해되게끔 쉽게 작성하는 것을 말합니다. 이것을 한마디로 표현하면 '키세스(K.I.S.S.E.S.)'입니다. 'Keep It Simple, Stupid & essencial'의 줄임말로 '단순하고 요긴하게'쯤으로 해석하면 됩니다.

단순하게 요긴하게 글을 쓴다는 것은, '키세스 한다'는 것은 업무상 내 글을 읽는 모든 독자, 즉 사용자에 초점을 맞추어 그에게 핵심을 빠르게 전달해 원하는 반응을 얻어 내는 것입니다. 단지 문장을 잘 만들고 단어를 잘 활용해야 하는 정도가 아닙니다. 이제 당신의 글은 키세스해야 합니다. 키세스에는 3가지 'W'가 반드시 포함되어야 합니다.

Why: 왜 내가 이 글을 읽어야 하지?
What: 그러니까 무슨 내용이지?
hoW: 무엇을 어떻게 하겠다는 거지?

글을 쓰기 전에, 글을 쓰면서, 쓰고 난 다음에 반드시 3W를 확인하세요. 아마존의 회의실에서 보았듯 키세스(K.I.S.S.E.S.) 한 잘 쓴 글에는 질문도 반문도 의문도 없습니다. 읽히는 즉시 통과됩니다. 이 역시 하버드생들이 배워 온 비결을 담은 오레오 공식으로 연습이 가능합니다.

단순하게 쓴 글은 명료합니다. 명료한 글은 상대에 대한 존중의 표시입니다. 글만 읽고도 내용을 이해하고 행동할 수 있다면 상대는 내 시간과 에너지를 아껴 준 것입니다.

돈을
불러들이는
글은 따로 있다

채용 담당자들이 지원자에게서 가장 많이 찾는 자질은 무엇일까요? 미국의 한 기관이 대기업을 포함한 고용주 260명을 대상으로 이 질문을 주며 조사했습니다. 그 결과 의사소통 기술이 상위에 올랐습니다. 이 기업들은 회사 내 직원과 의사소통하는 능력, 조직 외부에 회사의 가치와 제품 설명을 전달하는 적성을 높이 평가한다고 대답했습니다.

글 잘 쓰는 직장인은 홍보실에서나 필요하던 때가 있었습니다. 지금은 사장도 신입 직원도 모두 회사의 대표 선수가 되어 말하고 써야 합니다. 창업자도 투자받으려면 투자자들에게 직접 설명하고 직접 제안서를 써야 합니다.

"회사를 대표하여 명쾌하게 커뮤니케이션하는 것을 어려워하는 창업자들이 있다. 하지만 절대 잊지 말아야 할 점이 있다. 회사의 가능성과 기회를 설명하고 파는 것에 창업자 당신이 가장 전문가여야 한다는 것이다."

기업이 이메일과 SNS를 효과적으로 관리할 수 있게 소프트웨어를 공급하는 회사인 프론트의 창업자 마틸드 콜린이 한 말입니다. 이 회사는 투자자들이 돈을 대겠다며 줄 설 정도로 인기가 좋은데요. 비결은 회사를 매력적으로 어필하는 능력이 뛰어나서라고 합니다.

불티나게 잘 팔리는 글은
스토리텔링을 한다

기업들은 더 많은 투자를 유치하기 위해 다양한 방법으로 투자자를 설득합니다. 일본에서 막대한 부를 일구어 벤처 기업에 투자하는 손정의, 손태장 형제는 투자하고 싶은 회사의 조건으로 '설득력'을 꼽습니다. 벤처 자본가들이 재무 성과가 없는 벤처 기업에 선뜻 투자하겠다고 결정할 때, 판단 기준은 별것 없는 재무 관련 수치가 아니라 '창업가가 들려주는 스토리에서 가능성이 보이는가?'라고 합니다.

신제품을 잘 파는 애플 같은 기업도 독자를 설득할 때 제품의 사양이나 성능을 나열하지 않습니다. 대신 제품으로 할 수 있는 놀라운 일들을 이야기합니다. 소비자는 눈앞에 생생한 이야기에 반해 아이폰을 구매합니다. 잘 읽히는 글도 스토리텔링이 승부수입니다.

〈송 코치의 일대일 글쓰기 코칭 안내〉
방법: 에세이를 써서 이메일로 보내면 피드백 해드립니다.
피드백은 만 24시간 안에, 하루 1편 피드백 가능

이 글은 사실을 곧이곧대로 전하지만 어째 열정이 느껴지지 않습니다. 그러니 독자에게 어필되지도 않습니다. 이렇게 고쳐 봅니다.

→ 자영업 사장님들의 글쓰기를 지도하는 송 코치는 이른 새벽 PC를 켜자마자 이메일을 연다. 공인 중개사 정 사장님이 밤사이 에세이를 써서 보내 놓은 파일을 연다. 에세이를 읽고는 마주 앉아 있는 정 사장님에게 하듯 에세이 전반을 일일이 피드백한다. 정 사장님이 피드백 받은 대로 수정하여 에세이를 블로그에 올리자마자 사무실 전화와 핸드폰에 불이 나도록 문의 전화가 쇄도한다. 막 올린 블로그 포스트를 읽은 블로그 이웃들의 전화다.

사실 기반으로 쓴 글보다 잘 읽힙니다. 이야기니까요. 스토리텔링은 팩트 자체가 아니라 팩트에 의미를 부여해 생생하게 이야기합니다. 오레오 공식으로 스토리텔링이라는 놀라운 일을 해낼 수 있습니다. 오레오 공식 한 줄 한 줄이 이미 그 자체로 논리정연하게 구성된 한 편의 이야기거든요. 오레오 공식으로 당신의 회사와 당신이 하는 일, 당신의 상품, 서비스를 이야기해 보세요.

'1995년에 한국철도공사에 입사하여 20년이 넘는 시간 동안 열차를 운전해 온 한국철도공사 기관사다. 철도 사고, 철도 파업 등 관련 이슈가 제기될 때마다 문제점과 대안을 제시해 온 사회공공연구원 철도 정책 객원 연구 위원이다.'

흔히 보는 자기 소개입니다. 이력서를 풀어 문장으로 만든 것 같습니다. 팩트만 나열되어 아무런 감흥이 없습니다.

'나는 철도 기관사다. 20년 전 철도 공무원 시험에 응시할 때부터 운전직을 지원했다. 철도 공무원직에도 여러 분야가 있었지만 거대한 철마의 맨 앞에 앉아 너른 산야를 달리고 싶었다. '기, 승, 전, 철도'로 살다 보니 조금 더 미치면 아무라도 붙잡고 혹시 "철도'를 아십니까?"라고 할지 모른다.'

이 글은 《달리는 기차에서 본 세계》라는 책에 실린 저자 소개 글입니다. 철도 기관사가 된 계기를 이야기로 풀어놓으니 그의 사고방식도 알 수 있습니다.

찾아온 고객에게 피자를 파는 사람은 로봇에 대체되지만 피자 먹을 생각이 없던 사람을 설득해 피자를 사게 하는 세일즈맨은 오래도록 살아남는다고 합니다. 당신에게 관심 없던 이를 설득해 당신을 사도록 만드세요. 채용을 위해 당신의 서류를 살피는 사람들은 이런 내용을 궁금해합니다.

사람을
끌어들이는
글은 따로 있다

자동차, 다이아몬드, 심지어 아파트도 사고팝니다. 세계 주요 거리에서 있던 백화점들이 속속 문을 닫고 스마트폰으로 들어갔습니다. 우리는 지하철 안에서 침대를 사고, 침대에 누워 요가복을 사고, 요가를 하며 주방 기구를 구입합니다. 이제 모든 사업은 온라인으로 통합니다.

요즘 소비자는 가전제품을 살 때 5곳에서 정보를 얻는다고 합니다. 보험 상품을 구매할 때는 12군데에서 정보를 얻고, 햄버거 같은 패스트푸드를 살 때도 6곳이나 뒤져 정보를 확인한다고 합니다. 사람들은 브랜드보다 그 브랜드가 제공하는 정보를 더욱 신뢰하고 있지요.

무엇을 팔든지 팔기 위해서는 검색이 될 만한 정보를 온라인에 게시해야 합니다. 당신의 고객이 실컷 당신의 제품과 서비스 정보를 탐닉하도록 온라인상에서 정보를 무한히 제공해야 합니다. 신뢰할 수 있고 고객을 매혹할 정보를 제공하는 수단이 상업적 글쓰기입니다. 그런데 온라인에서의 광고와 홍보, 마케팅과 영업 문구가 단번에 시선을 사로잡는 뜨거운 한 줄이면 다 되는 줄 아는 분이 많습니다. 강렬한 문장은 온라인 소비자의 눈길을 끌 수는 있지만 그들의 구매까지 끌어내기에는 역부족입니다.

한 줄에 끌린 소비자는 더 많은 정보를 알고 싶어 합니다. 그렇기 때문에 판매자가 제시하는 정보가 일리 있고 조리 있어야 마음을 내기 시작합니다. 오레오 공식을 활용해 의심 많은 요즘 소비자들이 믿을 만한 글을 써 보세요.

또한 온라인에서 구매하는 소비자가 많다는 것은 문제가 생겼을 때도 온라인에서 해결해야 한다는 뜻입니다. 요즘 고객은 친절한 응대보다 문제나 한시바삐 해결해 달라고 합니다. 이럴 때도 오레오 공식으로 시작하세요. 결론부터 쓰고 이유와 근거를 대고 예시로 한 번 더 자세히 설명하고 고객이 마음을 풀 만한 제안을 곁들이면 고객도 화를 풀고 도리어 팬이 될지 모릅니다.

인터넷으로 신발을 파는 기업인 미국의 자포스는 고객 중심 서비스로 이름 높습니다. 아마존이 우리나라 돈으로 1조 원가량을 들여 이 회사를 인수해 뉴스거리가 되기도 했는데요. 자포스가 높은 점수를 받은

포인트는 남다른 고객 응대입니다.

　이 회사는 신입 직원에게 이메일 쓰는 방법을 교육하여 고객 응대에 걸맞은 수준을 갖추게 합니다. 저도 넥슨, 티몬 등 국내를 대표하는 인터넷 기업 몇몇 곳에서 요청받아 고객 센터 직원들에게 이메일 쓰기 교육을 했습니다. 이 회사들의 경영진은 직원이 회사를 대표해 고객과 이메일로 소통한다면 이메일 쓰기를 개인의 역량으로 남겨 두어서는 안 된다고 믿습니다. 직원이 보낸 메일 한 통이 회사 이미지를 대변하니까요. 이메일은 기업이든 개인이든 그간 쌓은 평판을 순식간에 먹칠하는 힘을 가졌습니다. 글로벌 광고 회사 사이앤사치의 밥 실러트 회장은 이렇게 말했습니다.

　"누군가에게 이메일을 받으면 그 사람이 누군지 전혀 몰라도 그 사람의 모든 것이 파악된다."

　글로벌 기업 회장이 아니라도 사회생활 좀 한 이들은 이메일 한 통으로 보낸 사람에 대해 대충 감을 잡습니다. 특히 요점을 분명히 전달할 줄 아는지, 읽는 이를 고려하는지 같은 중요한 단서를 포착하여 은연중에 점수를 매깁니다.

　"당신이 쓴 메일을 읽으면서 상사는 무슨 생각을 할는지 혹시 생각해 본 적 있는지 모르겠다. 보낸 사람의 지성에 심각한 의문을 느낀 적이 있다."

누구나 이메일을 받으면 밥 실러트 회장처럼 생각할 겁니다. 오레오 공식으로 이메일을 써 보세요. 일리 있고 조리 있게 간단하면서도 명료하게 독자 입장에서 읽기 쉬운 이메일을 쓰게 됩니다. 결론부터 쓰고 오레오 공식 4단계인 의견 강조 및 제안하기 단계에서 이메일 독자인 상대방에게 요청하는 바를 잊지 마시고요.

미국에서 비즈니스 이메일은 5줄로 쓴다는 불문율이 있습니다. 어떤 내용이든 이메일은 한눈에 한 호흡에 한 번에 읽게끔 써야 한다는 지침이지요. 한 줄당 40자 정도만 쓰면 200자 내외 5줄 이메일 쓰기가 완성됩니다.

도입부 1줄 40자

의견 1줄 40자

이유 1줄 40자

사례 1줄 40자

의견 강조 1줄 40자

→ 총 5줄 200자

나의 비즈니스 정보를
어떻게 노출할지 결정하라

"글은 쉽게 쓰세요, 오레오 하세요."

내 입은 고장 난 녹음기처럼 이 말을 반복합니다. 더러 이렇게 되묻는 사람도 있습니다.

'그러는 당신은 오레오하는가?'

그럼요, 나는 어떤 글을 쓰든 어떤 말을 하든 오레오로 쓸거리부터 만듭니다. 예를 들어 볼까요?

몇 해 전 신촌의 한 대학 평생 교육원에 강좌를 개설하기 위해서 일련의 절차를 밟았습니다. 교수들로 구성된 운영진에게 면접을 통해 최종 점검을 받던 날, 자기소개부터 과정을 열어야 하는 이유까지 말해 보라는 주문을 받습니다. 내가 누구라는 소개가 아니라 '왜 이 대학교의 미래교육원이 그 과정을 개설해야 하지?'라는 질문에 대한 답으로 강좌 개설에 확신을 갖도록 해야 합니다. 면접관들과 마주한 3미터쯤 떨어진 거리에서 마스크를 쓴 채로 대답하여 원하는 반응을 끌어내려면 핵심을 빠르게 그리고 임팩트 있게 전달해야 합니다. 망설일 것도 없이 오레오 공식을 불러냅니다.

Opinion (의견 주장하기)

나와 함께 이 강좌를 개설하면 반드시 성공할 것이다.

Reason (이유 대기)

왜냐하면 나는 이 강좌에 적합한 우리나라 최고의 글쓰기 전문가이기 때문이다. (이유 대기) 국내 유력한 출판사들이 내 책을 출판하며 표

지에 대한민국 대표 글쓰기 코치라고 못박아 인쇄한다. (근거 대기)

Example(사례 들기)

그중 한 권인 《150년 하버드글쓰기 비법》은 10만 부 이상 팔린 베스트셀러다. (사례 들기)

Opinion(의견 강조하기)

내가 진행하는 과정은 이 대학에만 독점으로 개설되는 강좌여서 성공이 보장된다.

결론은 물론 오케이. 제가 원한 대로 과정은 개설하기로 결정 났습니다. 다 오레오 공식 덕분입니다. 핵심을 빠르게 전달하여 원하는 반응을 빠르게 얻어 내는 오레오 공식은 이렇듯 저부터 오래전부터 애용합니다.

잘 통하는 리더이고 싶다면 자신을 소개하는 글부터 먹히게 써야겠지요. 언제 어떤 학교를 졸업하고 어느 회사에 들어가서 지금은 사장인지 상무인지 팀장인지…. 이런 식의 사실 나열이 아니라 어떤 일을 해 왔고 어떤 성과나 업적을 만들어 냈으며 어디에서 살고 주말에 주로 무엇을 하는지…. 이런 내용으로 이야기를 만드세요. 그리고 자신을 가장 매혹적으로 어필하도록 이야기를 만든 다음 페이스북이나 링크드인,

블로그 프로필에 올려 보세요. 반응이 확 달라집니다. 임팩트 있는 스토리를 써 보세요.

　어떤 일을 하는가, 해 왔는가?
　핵심적인 능력은 무엇인가?
　관심을 가져야 하는 이유가 무엇인가?
　이 모든 것을 입증할 만한 데이터는 무엇인가?
　척 봐도 오레오 공식에 담기는 내용들이지요? 오레오 공식을 불러냅니다.

Opinion(의견 주장하기)
나는 이런 사람으로 이런 성과를 낼 수 있다고 주장한다.

Reason(이유 대기)
주장한 내용을 증명할 이유와 근거를 그간의 경력으로 설명한다.

Example(사례 들기)
가장 두드러진 사례로 설득한다.

Opinion(의견 강조하기)
채용된 후 기여할 내용을 제안한다.

"어떤 사람에게서 이메일을 받으면 나는 자동으로 그 사람의 링크드 인이나 페이스북 프로필을 확인한다. 시간이 있을 때는 그 사람이 최근에 올린 트위터를 본다. 이를 통해 나는 비즈니스 정보의 생명줄인 맥락, 즉 콘텍스트를 읽는다."

샌디카터 부사장으로 재직한 샌디 카터의 말입니다. 이제는 새로운 사람, 사건, 사물에 대해 들으면 검색부터 합니다. 무슨 일을 하든 무슨 말을 하든 검색 페이지가 보여 주는 그 사람의 흔적이 그의 평판을 좌우하는 시대입니다. 검색되지 않으면 존재하지 않는다는 말은 반박의 여지조차 없지요. 소셜 미디어는 명함이고 자기소개서이며 이력서이자 포트폴리오입니다. 취업할 때도 이직할 때도 우리는 예외 없이 소셜 미디어를 검증해 선택하거나 반대로 선택받습니다.

"이력서와 포트폴리오가 훌륭하고 면접에서 높은 점수까지 받았어도 레퍼런스 체크에서 통과하지 못하면 이직이 힘들어질 수 있다. 이력서와 면접만으로는 한 사람의 온전한 평소의 태도와 생각을, 동료의 평판을 알기 어렵기 때문에 레퍼런스 체크에 신중을 기할 수밖에 없다."

사장이었던 김상헌 씨가 한 칼럼에 쓴 내용입니다.

소셜 미디어 모니터링 회사인 트래커의 앤디 빌 회장은 이런 말로 우리를 얼어붙게 합니다.

"사람을 뽑을 때 더는 뒷조사하지 않는다. 대신 구글에 지원자들의 무엇이 뜨는지 확인한다.”

오레오 공식으로 이용자들에게 유용한 내용을 논리적으로 서술할 수 있다면 소셜 미디어를 운영하는 것쯤 일도 아닙니다. 소셜 미디어에서 전문적이고 신뢰할 만한 사람으로 인정받으려면, 그러면서도 차별적인 면모를 자랑하려면 서술 능력이 탁월해야 하거든요.

블로그에서 당신의 독자, 고객, 이웃과 소통하고 싶나요? 당신의 생각으로 여론을 끌어가고 싶나요? 그렇다면 오레오로 블로깅 하세요. 수준 높은 콘텐츠를 만들어 내기만 하면 당신도 영향력 있고 신뢰도 높은 미디어 발행자의 지위를 누릴 수도 있어요. 수많은 팔로워가 생기고 인지도를 쌓아 올리는 게 가능합니다. 소셜 미디어로 소셜 파워를 구축하고 싶다면, 그리하여 영향력 있는 인물이 되고 싶다면 논리정연하게 에세이를 쓰고 블로그 포스트에 담아내세요.

━
글쓰기로
속도의 시대에 필요한
독해력을 갖추는 법

　도쿄대학교 입학을 노리던 시험 로봇이 4번씩이나 도전했다가 포기한 일이 있습니다. 일본 국립정보학연구소가 만든 인공 지능 도로보 군이 그 안타까운 주인공입니다. 궁금한 것은 도로보 군의 패인인데요. 문맥을 파악해 문제의 뜻을 이해하는 독해력에서 한계가 드러났다고 합니다.

　아이디어 하나로 순식간에 큰 부자가 되는 이 시대에 가장 요구되는 능력은 창의력입니다. 창의력은 지식에 기반을 둡니다. 지식을 기반으로 둔다는 것은 기존의 지식을 이해하고 비판적으로 생각하고 이를 바탕으로 창의적인 아이디어를 개발할 수 있다는 말입니다. 여기에는 수

준 높은 독해 능력이 매우 중요하게 작용합니다.

독해력은 인공 지능에 지지 않는 인간 고유의 능력입니다. 하지만 점점 더 많은 사람이 잘 읽지 않고 제대로 읽지 못하고 읽어도 이를 활용할 줄 모르는 지경입니다. 이는 창의와 혁신적으로 사고하는 데 치명적인 결함이 되지요. 결국 도로보 군처럼 결정적인 순간 혹은 독해 능력이 필요한 순간마다 좌절하게 될지 모릅니다. 오레오 공식을 활용해 독해력 기르는 방법을 소개합니다.

① O.R.E.O. 4줄로 핵심을 정리한다

책이든 신문이든 읽고 나서 핵심을 정리합니다. 물론 읽은 것을 보지 않고 떠올려서 씁니다. 읽고 나서 핵심을 정리한다는 생각으로 읽으면 읽기에 더 집중하는 효과도 생깁니다.

② 핵심이 제대로 정리되었는지 점검한다

내가 정리한 내용을 내가 점검하기가 쉽지 않습니다. 이런 경우에는 다른 사람에게 대조를 부탁합니다.

③ 정리한 핵심을 중심으로 에세이를 쓴다

앞에서 O.R.E.O. 4줄로 정리한 핵심을 4단락으로 만듭니다. 여기에 도입부를 더해 에세이 한 편을 만듭니다. 읽은 자료가 책이라면 한 권의 내용을 에세이 한 편으로 정리한 셈이지요.

이 방법은 미국 100달러 지폐에 실릴 만큼 미국의 대표 인물로 성공한 벤자민 프랭클린이 일자무식이었던 어린 시절 독해력을 기르기 위해 사용한 방법이기도 합니다.

―
글쓰기로
예측 불가능의 시대에 필요한
창의력을 갖추는 법

"어떤 번뜩이는 생각을 아이디어로 빚어 내는 데는 글쓰기만 한 도구
가 없다."

노벨 경제학상에 빛나는 뉴욕대학교 폴 로머 교수는 강조합니다. 글
쓰기만큼 간단하게 창조하는 작업도 없을 것입니다. 한 줄의 글은 누군
가가 쓰기 전에는 세상에 없던 것입니다. 글쓰기를 하며 겪는 곤란과
혼란은 창조 작업이기에 그렇습니다. 글쓰기는 창의력을 기르는 도구
이기도 합니다. 오레오 공식으로 아이디어를 만들고 에세이로 서술하
여 독자에게 전달하는 글쓰기 과정은 창조 그 자체입니다. 글쓰기로 창
의력을 기르려면 이렇게 해 보세요. 먼저 질문으로 시작합니다.

'만약 ~라면(What if)'

이것은 혁신가들이 아이디어를 끌어낼 때 흔히 하는 질문 형식입니다. 세계적으로 유명한 산업 디자이너인 카이스트 배상민 교수가 남다른 아이디어를 발상하는 방법이 바로 이 '질문하기'입니다.

"'만약 ~라면'이라고 생각해 보고 계속 꿈을 꾸는 것이지요. 나는 20대에 디자이너 일을 처음 시작할 때부터 '내가 스타벅스를 디자인하는 총책임자라면?'이라고 생각했답니다."

저 역시 이 질문을 마중물 삼아 책 쓰기 아이디어를 냅니다.
'왜 같은 내용을 말해도 잘 먹히는 사람이 따로 있을까?'
'만일 단어 사용법을 잘 알게 되면 소통을 더 잘할 수 있지 않을까?'
여기까지 생각이 미치면 오레오 공식을 불러냅니다. 오레오 공식으로 내용이 정리되면 구체적으로 책 내용 기획에 돌입합니다.

Opinion(의견 주장하기)
말과 글이 잘 통하게 하려면 단어 사용법을 익혀라.

Reason(이유 대기)
왜냐하면 사람들은 사실보다 단어에 영향을 받기 때문이다. 이 말은 노벨상을 탄 ○○가 말했다.

Example(사례 들기)

2017년에 발생한 '살충제 계란' 파동도 단어 선택과 사용이 문제였다.

Opinion(의견 강조하기)

마음을 사로잡으려면 단어 사용법을 익혀라.

대입 제도가 전면 개편되면 수능 시험에 논술형 문제가 출제될는지 모릅니다. 예상치 못한 상황에서 남다른 사고력으로 문제를 해결하는 창의적인 인재를 육성하려면 현재의 단답형 평가로는 안 된다는 것이 교육 당국의 생각입니다. 그래서 교육부의 중장기 대입 시험 방향은 종합적인 판단력과 창의력을 측정하는 서술형 논술형으로 바꿔야 한다는 것입니다. 미국 아이들은 초등학교 때부터 상대방에게 자신의 의견을 설득하는 글쓰기를 배웁니다. 그래픽 오거나이저로 만든 오레오 공식을 사용하여 쉽고 재미있게 논리정연한 글쓰기 기술을 배우지요.

수능뿐 아니라 특정 직종에 들어가기 위한 입사 시험 등 각종 논술 시험을 준비하는 사람 또한 오레오 공식으로 준비해야 합니다. 레고를 조립할 때처럼 글감을 미리 모아 조립만 하면 됩니다. 글쓰기는 원래 이렇게 쉽고 재미있습니다. 오레오 공식을 사용하여 글을 쓸 줄 알면 서술형 평가가 겁나지 않습니다. 글쓰기가 오레오처럼 맛있고 레고 조립처럼 재미있게 다시 인식될 것입니다.

혹시 코딩을 배워야 한다고 언론이 외치니 아이들을 코딩 학원으로 쫓아 보내셨나요? 로봇 과학자 데니스 홍은 코딩에는 논리적 사고가 필요하며 논리적 사고력을 기르려면 코딩 학원이 아니라 추리 소설을 읽히는 것이 낫다고 합니다. 우리에게는 오레오 공식이 있습니다. 오레오 공식을 알려 주고 레고처럼 조립하면 된다고 꾀어 아이들이 어려서부터 논리적으로 생각하고 글을 쓸 줄 알게 도와주면 좋겠습니다.

—
글쓰기로
기회의 시대에 필요한
학습력을 갖추는 법

창의나 혁신은 사소한 것을 관찰하고 그 속에서 뭔가를 발견하는 것으로 시작합니다. 창의력 전문가인 스탠퍼드대학교 티나 실리그 교수는 관찰 습관을 기르려면 본 것을 기록해야 한다고 합니다. 강제성 있게 관찰 습관을 들여야 주변 세계에 깊이 그리고 적극적으로 몰입하여 새로운 기회와 원리를 포착할 수 있다고 말이지요.

무언가를 우연히 또는 깊이 관찰하는 과정에서 뭔가 어렴풋한 생각이 떠오른다면 그것을 쓰면서 생각해 봅니다. 예를 들어 화가 샤갈 전시회에서 본 것을 기록해 보기로 하고 오레오 공식을 불러냅니다. 먼저 의견을 냅니다. 이 의견은 가설이지요. 가설을 증명하기 위해 다음 단계들을 정리합니다. 가설을 정리하려니 막히는 데도 있겠지요. 자료를 찾으며 공부합니다. 마침내 샤갈전을 보고 느낀 소회를 완성합니다.

Opinion(의견 주장하기)

색채의 마술사 샤갈전을 보며 예술가들은 다정다감해야 한다고 생각했다.

Reason(이유 대기)

왜냐하면 샤갈의 그림은 보는 이가 한결같이 정겨움을 느끼기 때문이다.

Example(사례 들기)

샤갈의 자서전을 봐도 샤갈은 스스로를 다정한 사람이라고 말한다.

Opinion(의견 강조하기)

샤갈처럼 우리도 세상을 다정한 눈길로 바라보면 자기만의 예술 작품을 만들 수 있을 것이다.

이렇게 쓰는 글에는 맞고 틀리고가 없습니다. 머릿속에 떠오른 생각의 시초를 가설로 세우고 논리적으로 검증해 보는 작업일 뿐이어서요. 오레오 공식으로 생각을 구체화하다 보면 생각은 저절로 발전합니다.

그리고 기대치 않았던 혁신적인 아이디어로 진화되기도 합니다.

하버드대학교가 해마다 신입생 1,700여 명에게 글쓰기를 가르치는 이유는 학업을 제대로 수행하도록 돕기 위해서입니다. 글을 제대로 쓸 줄 모르면 학교 수업에서 요구하는 사고를 제대로 할 수 없습니다. 이 때문에 전공에 관계없이 학술적 글쓰기 능력을 갖추도록 가르칩니다. 그 결과 학생의 73퍼센트가 글쓰기 수업을 받아 글쓰기 능력이 향상된 것은 물론 대학 수업에 더 적극적으로 참여하게 되었다고 말합니다.

하버드대학교에서는 어떤 과목이든 글쓰기로 성취도를 평가합니다. 강의 중간중간 내야 하는 리포트와 학기 말 시험에서 그간 습득한 지식을 완결된 형태로 정리해야 합니다. 하버드생에게 글쓰기는 졸업을 위한 필수 학점인 셈이지요.

하버드대학교에서 글쓰기 프로그램을 이끈 낸시 소머스 교수는 강의를 듣고 시험만 잘 쳐서 대학을 졸업할 수도 있지만 졸업 후 자기 분야에서 진정한 프로가 되려면 글쓰기 능력을 길러야 한다고 말합니다. 시험만 잘 보는 학생은 정해진 답을 찾는 데 급급하지만 글을 잘 쓰면 새로운 문제를 찾아 해결하는 능력이 길러진다는 것이 소머스 교수의 설명입니다. 아울러 전공에 상관없이 논리적으로 글을 쓸 수 있어야 논문을 잘 쓰게 되고 연구 결과를 인정받을 수 있기 때문에 하버드대학교는 글쓰기 교육을 중시한다고 전합니다. 그래서 하버드생은 쓰면서 배웁니다.

무엇을 배우고 어떤 것을 느꼈고 생각했는지 쓰다 보면 자신에게 의미 있는 방식으로 배우게 되고 기억합니다. 나날이 쏟아지는 새로운 지식을 받아들일 수 있으려면 배우는 힘을 갖추어야 합니다. 이것을 기르는 데도 오레오 공식으로 에세이 쓰기가 답입니다.

무엇을 배웠는가, 그것을 어떻게 생각하는가?
왜 그렇게 생각하는가?
예를 들어 보면?
그래서 이제 어떻게 할 것인가?

오레오 공식으로 배운 것을 되새김질하세요. 그리고 에세이로 담아내세요. 소셜 미디어든 사내 게시판이든 경로를 통해 다른 사람들과 공유하면 배운 것이 나의 내면에 차곡차곡 쌓이는 것을 느낄 것입니다.

아무리 재주를 타고난 사람이라도
글 쓰는 법은 하루아침에 익힐 수 없다.

_루소(프랑스 사상가·소설가)

제6강

어떻게
글쓰기 실력을
키울까?

하버드생처럼 글쓰기를 연습하고 싶으신가요?
그렇다면 매일 쓰십시오.
매일 쓰면 알게 됩니다. 쓸거리가 있는지 아닌지.
매일 써 보면 압니다. 쓸 수 있는지 아닌지.
매일 쓰다 보면 압니다. 쓸거리를 얼마나 아는지 모르는지.
매일 써야 잘 씁니다. 자꾸 쓰고 싶어집니다.

150년 하버드 글쓰기 비법

글 잘 쓰고 싶다면서
하지 않는
단 1가지

은퇴한 프로 골퍼 박세리 님. 전성기 때 그의 닉네임 '골프 여제'는 이제 '예능 여제'로 바뀌었습니다. 예능 프로그램에서 종횡무진 활약합니다. 그런데도 어떻게 해야 골프를 잘하느냐는 질문을 가장 많이 받습니다. 그럴 때 박세리 님은 이렇게 되묻습니다.

"연습장에서 연습을 많이 합니까?"

박세리 님이 생각하는 골프 잘하는 비결은 연습뿐입니다. 그런데 그가 보기에 골프를 잘하고 싶어 하는 사람들이 연습을 소홀히 하는 경우가 많습니다. '실력을 키우고 싶다면 똑같은 동작을 반복해서 연습을 정말 많이 해야 한다'고 강조합니다. 글을 잘 쓰고 싶다면서 사람들은 글쓰기를 연습하지 않습니다. 아니, 글을 잘 쓰고 싶다면서 글을 쓰지 않는 사람이 대부분입니다. 어쩌다 한번 쓰면서 글을 잘 쓰게 되기란 불가능합니다.

이 책이 출간될 무렵만 해도 대학생이던 아들은 지금 나와 같은 일을 하는 사회인입니다. 영어로 글 쓰는 일을 하는데요. 아들이 나와 같은 일을 한다고 말하면 사람들은 '글쓰기 선생인 엄마가 강훈련을 시켰나보다' 합니다만, 아들이 진로를 정하고 직업을 고르는 데 나는 전혀 도움을 주지 않았습니다. 자기 힘으로 이루고 싶어 하는 성향이라 아들도 도움 받기를 원하지 않았습니다. 다만 아이는 중고등학생 시절 6년 동안 매일 글을 썼습니다. 중학교 1학년 여름 방학 때부터 고3 수능 시험을 보기 직전까지 매일 글을 쓰면서 아이는 글쓰기와 친해졌습니다. 밥먹듯 매일 했으니 글쓰기가 싫거나 어렵거나 겁나지 않았을 테고 글쓰기가 두렵지 않으니 글쓰기가 수월했습니다. 그랬으니 글 쓰는 일을 직업으로 정한 것도 자연스러웠을 것입니다.

모든 사람이 글쓰기를 연습하고 매일 글을 쓰고 하여 글 쓰는 일을 해야 한다는 것이 아닙니다. 글을 잘 쓰려면 글쓰기를 쉽게 여겨야 하고, 그러려면 일상화되어야 한다는 것을 강조하는 것입니다. 이렇게 하면 글쓰기 지능이 개발되고 어떤 일을 하더라도 유능함을 인정받아 자기 분야에서 성공하며 살 수 있기 때문에 매일 글쓰기 연습을 하라고 강조하는 것입니다.

계속 글을 못 쓰는 사람들,
콘텐츠 플랫폼으로 모이는 사람들

온 세계 청년들이 열광하는 멘토이자 600만 부가 팔린《12가지 인생의 법칙》을 쓴 토론토대학 교수 조던 피터슨은 베스트셀러 작가이면서 글쓰기 전도사역을 자처합니다. 그 또한 누군가를 위해 할 수 있는 가장 좋은 일은 글 쓰는 법을 가르치는 것이라고 합니다.

"글쓰기는 생각하기이고 생각하기는 존재하고 살아가는 것이다. 따라서 글을 잘 쓰게 되면 생각을 잘하게 되고 생각을 잘하게 되면 지혜롭게 살게 된다. 지혜롭게 사는 사람은 보다 잘 살 확률이 높다."

소프트웨어 인재 양성 기관 이노베이션 아카데미에서 학생들을 가르쳐 온 이민석 교수. 그가 만난 학생들의 모습은 이러합니다.

"학생들에게 뭘 만들어 보라 하면 열이면 열 책을 사서 공부해요. 다 읽고 나면 어렵거든요? 그러면 또 다른 책을 사서 봐요. 이렇게 계속 공부만 해요."

글쓰기를 배우는 사람들도 똑같습니다. 글쓰기를 배운다며 시간 들여, 돈 들여 강사를 찾아다니지만 정작 글은 쓰지 않습니다. 한편 블로그, 페이스북, 브런치, 폴인, 퍼블리 등 텍스트 콘텐츠 플랫폼에는 글들이 차고 넘칩니다. 하지만 그런 식으로 내키는 대로 매일 많이 쓴다고 논리적 글쓰기 능력이 길러지지는 않습니다. 논리정연한 글을 쓰려면 논리정연한 글쓰기를 연습해야 합니다. 골프를 잘하려면 연습장에서 살아야 하듯 글을 잘 쓰려면 연습장에 당신의 글이 차곡차곡 쌓여야 합니다. 다행히 우리에게는 글쓰기를 쉬워지게 만드는 오레오 공식이 있습니다.

하버드생처럼
글쓰기 실력을
키우는 방법 3가지

제 주위에도 TED나 세바시 같은 강연 프로그램에 나가겠다는 사람이 많습니다. 조언을 청하는 그들에게 "논리적으로 생각하기부터 하셔야 해요. 오레오 공식으로 에세이 쓰기 연습부터 하세요"라고 합니다만, 그들의 표정은 떨떠름합니다. 강연하는데 무슨 논리며 무슨 에세이 쓰기냐고 묻고 싶어서지요. TED에서 강연을 하기 위해 가장 심혈을 기울이는 과정은 대본 만들기입니다. 문장 하나까지 잘 다듬고 문장들을 세심하게 연결하여 강연 대본을 만들게 합니다.

"연설자는 청중에게 각 문장이 어떻게 논리적으로 연결되는지를 확실하게 알려 주어야 한다.”

크리스 앤더슨 대표는 이런 지침으로 강연에서도 논리적 설득력이 가장 중요하다고 역설합니다. ‘논리적으로’는 글쓰기든 강연이든 혹은 한 말씀 하시든 ‘말이 되는 것’을 뜻합니다. 말이 안 되는 강연을 누가 무려 18분이나 듣고 있겠어요? 말도 안 되는 글을 누가 무려 3분이나 읽고 있겠어요?

논리적 사고, 즉 말이 되도록 내용을 구성하고 전달하는 사고는 일과 일상을 영위하는 데 필요한 가장 기초적이고 기본적인 능력입니다. 하버드대학교가 학생들에게 4년 내내 글쓰기를 가르치며 목표하는 바가 이 논리적 사고를 향상하는 것이고요.

하버드생이 사회 곳곳에서 탁월한 역량을 발휘하는 것은 학교에서 잘 가르쳐서가 아닙니다. 학생들이 가르쳐 준 대로 잘 배워서도 아닙니다. 쓰기 위해 생각하고 쓰기 위해 읽고 쓰기 위해 쓰면서 지낸 4년이라는 그 절대적인 시간 덕분이라고 생각합니다. 4년 내내 쓰면서 배운 덕분이라고 여깁니다. 어떤 기술이든 능수능란하게 사용하려면 배우기만 해서는 턱도 없습니다. 시간과 공을 들여 연습해야 합니다.

하버드 신학대학원에서 글쓰기를 가르쳐 온 바버라 베이그 교수도 이렇게 말합니다.

“글을 잘 쓰는 데 필요한 기술을 배우지 않거나 일련의 과정을 연습하지 않은 채로 글을 쓰면 아무런 훈련이나 준비도 없이 실전 야구 경기에

나가고 콘서트에 임하는 선수나 음악가와 똑같다.”

그는 근육을 단련하려면 주 3회 이상 근육 운동을 해야 하듯 글을 잘 쓰는 근육도 연습으로 단련해야 한다고 주장합니다.

기왕에 다닌 대학에서 우리도 4년 내내 글쓰기를 배웠더라면 글쓰기가 밥 먹여 주는 시대가 된 지금에 와서 글쓰기가 이렇게 부담스럽지는 않을 텐데요. 다행인 점은 지금부터라도 하버드생처럼 쓰면서 배우면 길어진 인생을 지탱할 무기를 마련할 수 있다는 것입니다. 하버드생처럼 쓰면서 배우는 방법 3가지입니다.

‘매일 정해진 시간에 정해진 장소에서 정해진 분량의 글을 쓴다.’
‘하나의 주제를 정해 1,500자 내외의 분량으로 에세이를 쓴다.’
‘동료에게 보여 주거나 글쓰기 수업에 참여하여 피드백 받고 고쳐 쓰기 한다.’

불변의 법칙, 글은 써야 배운다

“나는 너무 어렵게 글을 썼고, 그러다 보니 걸핏하면 글길이 꽉 막혔고 심하게 글길을 뚫는 글발은 가끔 터질 뿐이었다.”

하버드대학교 법대 종신 교수인 석지영 교수가 글을 잘 쓰고 싶어 욕심내던 시절의 이야기입니다. 지도 교수인 말콤 선생은 제자가 글쓰기 때문에 좌절하고 상심하는 모습을 지켜보더니 "글쓰기를 평범한 습관으로 만들어 보게"라며 조언했다지요. 말콤 교수는 이런 원칙을 습관 들였다는데요.

'매일 글을 쓰되 1.5페이지만! 단, 절대 하루도 거르지 않기.'

이런 식으로 느리지만 확실하게 9개월이면 책 한 권을 쓰는 패턴을 평범한 습관으로 즐겼다는 경험을 전했다고 합니다. 석지영 교수에게 말콤 교수의 조언은 '신이 내린 충고'였습니다. 말콤 교수의 충고대로 매일 조금씩 글을 쓰며 강단에 오르는 습관을 되풀이했더니 글쓰기에 대한 공포와 좌절감이 사라졌다고 하네요. 또 그제서야 자신의 글길이 막혔던 것은 일종의 무대 공포증이었음을 알 수 있었다고 합니다. 마침내 석지영 교수도 스승처럼 '매일 조금씩 쓰기'라는 평범한 재미를 습관 들이고 즐기게 되었다고 자신의 저서에서 전합니다.

하버드대학교에서 오랜 시간 글쓰기를 가르친 낸시 소머스 교수도 글을 잘 쓰려면 짧은 글이라도 매일 쓰라고 권합니다.

"하루 10분이라도 매일 글을 써야 비로소 생각을 하게 된다. 어릴 때부터 짧게라도 꾸준히 글을 읽고 쓴 학생이 대학에서도 글을 잘 쓴다."

글쓰기가 힘들고 어려운 이유를 대라면 누구든 하루 밤낮 꼬박 꼽아도 부족할 겁니다. 아마 당신도 쓸 준비만 하느라 지쳐서, 잘 못 쓸까 봐 걱정만 하느라 힘들어서, 쓰지 않을 핑계를 대느라 바빠서 글을 잘 못 쓴다고 할 수도 있겠네요. 그런데 글을 잘 못 쓰는 단 하나의 이유는 이것입니다.

'쓰지 않는다.'

글을 잘 쓰려면 먼저 생각을 잘해야지요. 창의적으로 생각하려면 이런저런 궁리도 해야 하고요. 그런 다음에 써야 좋은 내용이 나올 테니까요. 그런데 글 잘 쓰는 사람들은 다릅니다. 그들은 우선 쓰고 봅니다. 쓰면 좋은 생각이 떠오르고, 최고로 좋은 생각은 쓰기 시작하면 찾아온다는 것을 압니다.

요컨대 당신이 어떤 이유를 들고 핑계를 대든 당신이 글을 잘 쓰지 못하는 이유는 단 하나, 쓰지 않기 때문입니다. 하버드생도 쓰면서 배웁니다. 쓰면서 쓰기 경험을 확장해 갑니다. 하버드생처럼 글쓰기를 연습하고 싶으신가요? 그렇다면 매일 쓰십시오. 매일 쓰면 알게 됩니다. 쓸거리가 있는지 없는지. 매일 써 보면 압니다. 쓸 수 있는지 아닌지. 매일 쓰다 보면 압니다. 쓸거리를 얼마나 아는지 모르는지. 매일 써야 잘 씁니다. 자꾸 쓰고 싶어집니다.

─
글의 설득력과
가독성을
20배 높이는 방법

잘 읽히는 글은 하나의 주제를 3개에서 5개의 세부 주제로 나눈 단락으로 구성됩니다. 그래서 핵심을 빠르게 전달하여 원하는 반응을 빠르게 얻어 냅니다. 오레오 공식을 활용해 쓸거리를 뚝딱 빠르게 만들 듯 오레오 공식으로 만든 4줄의 쓸거리를 4개의 단락으로 만드는 일도 뚝딱 가능합니다. 각 한 줄마다 그 내용을 보완하는 자료를 엮어 내면 밀도 높은 단락이 만들어집니다. 어떤 문장도 단 한 줄로 독자가 이해하기에 충분한 모든 내용을 전할 수 없습니다. 따라서 한 줄 한 줄을 하나하나의 단락으로 만드는 일은 독자의 입장에서 그 한 줄에 대한 궁금증을 해소하고 신뢰를 더하는 작업입니다.

쓸거리를 에세이로 만드는
단락 쓰기 연습

　다음은 독자 입장에서 *끄집어낸* 질문들입니다. 질문에 맞게 자료들을 구성하면 핵심 한 줄의 이해를 돕습니다. 이렇게 완성한 4개의 단락을 이어 붙이거나 설득력을 강화하기 위해 단락의 위치를 바꿔 연결하면 그것만으로도 핵심을 빠르게 전달하는 논리정연한 에세이가 탄생합니다.

　Opinion(의견 주장하기): ~하려면 ○○하라.
　○○한다는 건 뭘까? / ○○하면 정말 될까? 좋을까?

　Reason(이유 설명하기): 왜냐하면 □□하기 때문이다.
　A하면 된다고? / 어째서 그렇지? / 그렇게 말하는 근거가 뭐지?

　Example(사례 제시하기): 예를 들면~
　예를 들어 설명해 주면 좋겠는데? / 쉽게 이해할 만한 사례가 있을까?

　Opinion(의견 강조하기): 그러니 ○○하려면 ★★하라.
　★★한다는 것은 뭘까? / ★★하는 이유는 뭘까? / ★★하려면 무엇부터 할까?

각 단락의 내용을 구성하는 자료들은 주제에 부합되며 쓸거리를 합리적이고 타당하게 받쳐 주어야 합니다. 다수의 이유, 근거, 사례를 들 때는 꼭 필요한 내용이 누락되거나 유사한 것들로 중복되지 않아야 합니다. 핵심 위주로 간결하게 쓴다 하여 꼭 필요한 내용이 누락되면 이해하기 어려운 글이 되고 신뢰를 얻기 어렵습니다. 단락 속 정보는 가급적 3가지로 정리하면 독자가 파악하고 기억하기가 좋습니다.

4줄의 쓸거리를 4개의 단락으로 바꾸는 것은 글 쓰는 사람의 머릿속에서 나온 주관적인 것을 객관적이고 합당하게 바꾸는 작업입니다. 여기에는 자료를 찾고 활용하는 문해력과 그 자료들이 주제와 쓸거리를 설명하기에 옳고 충분한지를 끊임없이 검토하는 비판적 사고 모드가 요구됩니다. 비판적 사고 모드란 글을 구성하는 전 과정에서 인용하고 사용하는 자료의 사실 관계와 인과 관계를 끊임없이 확인하고 바로잡는 자세를 말합니다. 대부분의 사람은 자신의 주장에 맞는 정보나 자료만 수집하고 사용하는 경향이 있어서 이런 자료들을 끌어 대서는 논리성이 결여되어 읽히지 않습니다. 읽히지 않으면 의도한 반응을 끌어낼 수 없습니다. 에세이 쓰기가 어떤 성공이든 가능하게 하는 논리적 글쓰기 지능을 키우는 최고의 연습법인 이유도 여기에 있습니다.

150년 하버드 글쓰기 비법

—
성공으로 가는 전용 차선, 글쓰기 지능을 키우는 법

세계 제일의 투자가인 워런 버핏 회장도 부러워하는 사람이 있습니다. 바로 숙박 공유 서비스를 제공하는 에어비앤비의 창업자인 브라이언 체스키 회장입니다. 워런 버핏 회장은 "젊은 시절에 체스키와 같은 생각을 했더라면 얼마나 좋았을까"라며 체스키의 사고 능력을 부러워합니다. 체스키는 읽고 배우고 경험하고 생각한 것을 에세이로 쓰며 자기 것으로 만듭니다. 글쓰기는 공적 영역에서 가장 강력한 도구라고 생각하기 때문이라 합니다.

우리나라에서는 기업인이 글을 직접 쓰지 않지만 해외에서는 기업인들이 적어도 초안만큼은 직접 씁니다. 글로 쓰고 싶은 자신의 생각을 누군가가 정확하게 짚어 낼 수 없기 때문이지요. 미국의 경영인들은 글을 다 잘 씁니다. 그가 하버드 출신이라면 더 말할 것도 없습니다. 일리 있고 조리 있게 글 쓰는 지능은 성공이라는 목적지를 향한 하이패스 전용 차선을 달리게 합니다.

글로 쓸 주제를 정하고 오레오 공식으로 쓸거리를 만들고 각각 1줄을 단락으로 만들어 4단락을 연결하면 한 편의 논리정연한 글인 에세이가 탄생합니다. 이러한 에세이 쓰기의 과정은 쓰려고 하는 것, 즉 주제를 분명히 하고 주제를 뒷받침하는 세부적인 내용을 상대가 바로 알아듣도록 구성하는 작업이기에 쓰는 사람 또한 내용에 대한 이해가 깊어집니다. 이러한 에세이 쓰기를 반복하여 연습하면 논리적 글쓰기 지능이 길러지고, 그런 후에는 숏폼 콘텐츠 시대에 잘 먹히는 짧은 글도 척척 잘 씁니다.

이제 회사에서든 사회에서든 일과 일상은 비대면 원격이 다반사입니다. 모바일로 주고받는 5줄에서 6줄의 짧은 글이 결재 문서를 대신합니다. 유튜브 쇼츠, 틱톡, 네이버 모멘트 같은 영상 매체도 짧은 콘텐츠가 잘 먹힙니다. 종이에 쓰는 글은 급격히 줄어들고 보고, 연락, 회의, 메일, 세일즈 레터, POP, 웹 사이트, SNS, 인트라넷, 메신저 등 컴퓨터나 스마트폰을 통한 글쓰기의 기회는 갈수록 늘고 분량은 점점 짧아집니다. 읽는 사람도 3줄이 넘어가는 글은 질색합니다. 300줄이든 300쪽이든 글은 딱 3줄로 줄여 달라 합니다.

짧으면서도 잘 통하는 글은 단지 길이가 짧은 것이 아니라 핵심을 빠르게 전하는 글입니다. 일리 있고 조리 있게 잘 쓴 글이라야 의미 전달에 문제없이 3줄로 요약이 가능합니다. 쉽고 빠르게 간결하고 명료하게 쓰는 글은 고도의 사고력과 판단력, 창의성, 어휘력, 표현력을 발휘하는 높은 수준의 글쓰기 지능을 필요로 합니다. 글쓰기 지능은 핵심을 빠르게 전달하여 독자를 의도한 방향으로 움직이게 만드는 능력이자 무슨 글이든 쉽고 빠르게 일리 있고 조리 있게 척척 써내는 기술로써 읽으면 바로 이해하고 행동하게 만들어 독자의 시간 에너지를 아껴 주는 논리적으로 생각하고 표현하고 설득하는 능력을 말합니다.

논리적 글쓰기는 글쓰기에 대한 감각과 안목을 갖춘 읽고 생각하고 표현하기의 모든 능력을 아우르는 글쓰기 지능을 구성하는 상위 기술입니다. 논리적 글쓰기 지능은 지적 생산성을 극대화하여 의도한 결과와 원하는 성과를 얻게 합니다. 논리적 글쓰기 지능은 하버드생처럼 오레오 공식으로 쓸거리를 만들고 에세이로 담아내기를 연습하는 것으로 길러집니다.

하버드급 부자머리가 길러지는
하버드급 에세이 쓰기

논리적 글쓰기 지능은 에세이 쓰기로 본격 개발할 수 있습니다. 논리적 글쓰기 비법인 오레오 공식을 사용하여 하버드급 에세이를 쓸 줄 알면 하버드 졸업생처럼 성공하는 '부자머리'를 갖게 됩니다. 부자머리는 논리적으로 생각하고 논리적으로 문제를 해결하고 논리적으로 소통하는 능력을 발휘하는 생각머리로 가능하니까요. 자신의 생각을 일리 있고 조리 있게 표현하는 능력에 대한 자부심과 자신감으로 일머리를 발휘하게 되니까요.

이러한 대단한 일을 가능하게 하는 하버드급 에세이 쓰기는 하나의 주제에 대해 일리 있고 조리 있게 담아 낸 한 편의 글입니다. 에세이 쓰기는 스스로 과제를 설정하고 필요한 정보와 분석 작업을 거쳐 자신의 의견을 전개하거나 주장하는 글쓰기입니다. 에세이의 주제를 정하거나 모두가 이해하고 납득할 만한 결론을 도출하려면, 그리하여 글쓰기를 통해 의도하는 바를 달성하려면 질문하고 답을 찾는 능력이 관건입니다. 에세이를 쓰려할 때 '어떤 주제로 할 것인가? 왜 그 주제인가? 그 주제에 대한 나의 생각은? 왜 그렇게 말할 수 있을까? 설득력이 생기려면 어떻게 하지? 결론은 어떻게 내지? 어떤 근거를 대지?' 하는 다양한 자문자답을 하는 것이 필수인데 이 과정에서 논리력과 비판력 같은 사고 능력이 필수입니다. 이러한 일련의 궁리를 통해 논리적 글쓰기 지능이 자연히 높아집니다.

조던 피터슨 교수는 "성공하려면 자신의 의견이 정당함을 남에게 납득시켜야 하는데 이를 위해 내 아이디어를 체계적이고 독창적으로 만들어야 할 필요가 있다. 에세이를 쓰는 활동은 글쓴이가 그 주제에 대해 일관성 있고 정교한 생각들을 조직하고 표현하여 형태를 갖출 수 있게 한다"라며 에세이 쓰기가 고도의 지적 활동을 가능하게 해 준다고 강조합니다.

피터슨 교수는 또한 글을 쓰고 편집하는 법을 배운다면 좋은 아이디어와 나쁜 아이디어를 판단할 능력을 만들 수 있고 스스로 생각을 잘 조직하고 근거가 충분하게 만듦으로써 불필요한 스트레스로부터 멀어질 수 있다며 글쓰기를 강력 추천합니다. 주입식 교육을 받거나 남이 시키는 것만 하는 사람에게는 찾아볼 수 없는 지적 능력입니다. 에세이를 쓰려면 질문하고 답을 끌어내고 이를 설득력 있게 전개하여 동의를 끌어내야 하는데 논리적 글쓰기 지능이 없기 때문이지요. 이런 사람은 글쓰기가 힘겹기만 한데 독자도 문장 한 줄이 뻔하고 읽기 힘듭니다.

에세이 쓰기가 논리적 글쓰기 지능을 키우는 데 더없이 적합한 방법인 것은 주어진 분량으로 설득하는 힘을 기르기 때문입니다. MBA 에세이나 입학용, 취업용 에세이는 정해진 분량 안에서 효율적이고 효과적으로 자신의 메시지를 전달할 수 있는지를 평가합니다. 분량에 맞추어 쓰려면 창의적이고 조직적이고 체계적으로 내용을 정리해야 합니다. 논리적 글쓰기 지능이 없으면 불가능한 수준입니다. 오레오 공식으로 쓸거리를 만들고 단락을 만드는 과정에 능숙해지면 주제 언저리에서 중언부언하는 일이 없습니다. 1,500자 내외의 분량 맞추어 쓰기가 어렵지 않습니다.

하버드생처럼 쓸거리 만드는 3단계 방법

도구들은 유용하지만 숙달될 때까지는 오히려 일을 방해합니다. 쉽고 빠르고 근사하게 논리적 글쓰기를 가능하게 하는 오레오 공식도 그렇습니다. 자유자재로 활용할 수 있어야 도움이 됩니다. 하버드생처럼 쉽게 배우는 쉬운 글쓰기 연습 방법을 소개합니다.

오레오 공식으로 쓸거리를 만들고 이를 한 단락의 짧은 글로 완성하면 됩니다. 이것이 전부입니다. 오레오 공식으로 생각의 뼈대를 만들고 그 안을 밀도 높은 한 줄 문장으로 채우면 쓸거리가 완성되는 참 쉬운 연습법입니다. 이 연습법은 논리적으로 생각하고 표현하는 논리적 글쓰기를 습관 들입니다. 그러므로 이 연습법을 무한 반복하면 아예 생각 자체를 논리적으로 하게 됩니다. 오레오 공식이 뇌로 다운로드될 테니까요. 그러면 무슨 생각이든 일리 있고 조리 있게 만들고 정리하고 표현하기가 일상적으로 가능해지고 마침내 오레오 공식을 구구단처럼 활용하게 됩니다. 그러면 글쓰기가 더는 어렵거나 두렵지 않습니다. 글은 이렇게 쉽게 쓰는 것입니다.

'쓸거리가 있으면 쓰는 것은 문제가 되지 않는다. 쓸거리가 없으면 쓰는 것은 문제조차 되지 않는다.'

이 책 앞단에서 수없이 강조한 글 잘 쓰는 사람들의 족보 명언을 떠올려 보세요. 글을 쉽게 빨리 잘 쓰는 비결은 쓸거리부터 만드는 것입니다. 쓸거리는 핵심을 빠르게 전달하여 원하는 반응을 빨리 얻어 내는 단축키와 같습니다. 오레오 공식은 단축키 버튼이고요. 이와 동시에 결론부터 전하여 독자의 주목을 끌고 주장과 근거로써 결론에 힘을 싣고 예시로써 설득력을 높이는 쓸거리 만들기 연습입니다. 이 연습은 하루 10분이면 충분합니다. 하버드대학 글쓰기 담당 낸시 소머스 교수가 말한 '글을 잘 쓰려면 하루 10분이라도 매일 쓰는 습관을 들여라'라고 한 조언의 실천지입니다.

하버드생처럼 쓸거리 만들기는 3단계로 연습합니다.

1단계: 주제 정하기
2단계: 오레오 공식으로 쓸거리 만들기

3단계: 짧은 글 1단락 에세이 완성하기

코로나19 팬데믹으로 야기된 큰 변화 중의 하나가 '대퇴사'입니다. 대퇴사는 연령대를 막론하고 자발적으로 퇴사하는 사람들이 급증한 증상을 말하는데, 대퇴사를 계획하는 사람들에게 책을 쓰라는 제안을 할 것입니다. 쓸거리 만들기를 연습해 봅니다.

1단계: 주제 정하기

글쓰기 주제는 '주제어+의견'으로 만들어 보세요. 핵심 단어 한두 개를 제시하기 보다 '~하기'로 의견을 내면 훨씬 구체적으로 생각이 전개되어 글쓰기가 수월합니다. '대퇴사'라는 주제어에 의견을 더해 '대퇴사 후 훨씬 잘나가기'로 주제를 정합니다.

2단계: 오레오 공식으로 쓸거리 만들기

주제를 쓸거리로 만듭니다. 오레오 공식을 활용하여 4줄의 쓸거리를 만듭니다. 이때 각각의 한 줄은 문장식을 활용하여 완전한 문장으로 씁니다.

이렇게 '대퇴사 후 훨씬 잘나가기' 주제를 오레오 공식으로 정리하여 쓸거리로 만들어 봅니다.

Opinion(의견 주장하기)

퇴사하여 혼자 일하고 싶다면 책을 써라.

Reason(이유 대기)

왜냐하면 책을 쓰면 전문성을 인정받아 개인으로 일하는 데 큰 도움을 받기 때문이다.

Example(사례 들기)

예를 들면 B 씨는 퇴사 전 회의 기법에 관한 책을 출간하여 퇴사와 동시에 거래처를 다수 확보한 상태로 회의 컨설팅 전문가로 일한다.

Opinion(의견 강조하기)

퇴사를 준비하며 책을 내려면 블로그부터 하는 게 좋다.

3단계: 짧은 글 1단락 에세이 완성하기

논리적으로 정리한 쓸거리 4줄을 줄글로 연결하고 살을 붙이면 한 단락의 글이 완성됩니다. 200자 내외의 짧지만 핵심을 논리정연하게 정리한 강력한 글입니다.

→ 회사를 그만 다니고 싶다면, 혼자 일하고 싶다면 책을 써라. 책을 쓰면 전문성을 인정받아 개인으로 일하는 데 큰 도움을 받기 때문

이다. 예를 들면 A대기업에서 회의 전담 직원으로 일한 B 씨는 퇴사 전 생산성을 좌우하는 회의 기법에 관한 책을 출간하여 중소기업으로부터 컨설팅 요청을 받았다. 퇴사와 동시에 거래처를 다수 확보한 상태로 회의 컨설팅 전문가로 일한다. 퇴사를 준비하며 책을 내려면 블로그부터 하는 게 좋다.

이 3단계가 익숙해지면 어떤 글이든 주제를 4줄의 쓸거리로 만들 수 있고 쓸거리를 연결하여 짧은 에세이로 만드는 연습에 익숙해지면 핵심을 빠르게 전하는 쓸거리 만들기의 명수가 됩니다. 워크시트를 활용하면 쓸거리 만들기는 더욱 수월합니다.

하루 10분으로 연습이 될지 미심쩍다면 복리의 마법을 떠올려 보세요. 하루 10분씩 오레오 공식을 활용한 쓸거리 만들기, 짧은 에세이 쓰기 연습을 1년 동안만 해 보세요. 복리 계산에 따르면 하지 않은 사람보다 무려 38배나 글쓰기 실력이 좋아집니다. 복리의 법칙이 작동해서지요. 매일 주제를 찾고 쓸거리를 만들고 서술하는 과정을 연습함으로써 스스로도 놀랄 만큼 논리적으로 생각하고 쓰는 능력이 자랍니다.

하루 10분 연습으로 오레오 공식 활용하기에 익숙해지면 쓸거리를 에세이로 완성하는 마지막 연습에 들어갑니다. 4줄의 쓸거리를 4개의 단락으로 만들고 단락을 연결하면 핵심을 일리 있고 조리 있게 또 빠르게 전달하는 에세이가 탄생합니다.

내 글의
품격을 높이는
글쓰기 태도

GE항공의 디지털서비스 사업부에서는 2014년 이후 계약 협상 시간이 60퍼센트로 줄었습니다. 계약서 문구 관련 분쟁도 더는 발생하지 않았습니다. 무슨 일이 있었던 걸까요? "고쳐 쓰기 했을 뿐"이라고 이 회사 법률 고문인 숀 버튼은 증언합니다. 어려운 법률 용어와 만연체 투성이인 계약서를 쉬운 내용으로 고쳐 쓰기 했을 뿐이라고요. 보고서든 계약서든 이메일이든 신문기사든 인터넷 뉴스든 또 당신이 지금 읽는 이 책이든 세상의 모든 완성된 글은 고쳐 쓰기 한 결과물입니다. 그래서 글을 잘 쓰는 사람들은 고쳐 쓰는 한 세상에 몹쓸 글은 없다고 믿습니다.

2018년 이 책이 출간되고 나서 수많은 사람과 이 책을 교재로 하여 글쓰기 수업을 했습니다. 그러면서 알았습니다. 글을 못 쓰는 사람들의 사전에는 '고쳐 쓰기'가 없다는 것을요. 그래서 글쓰기가 늘 어렵고 부담스럽지요. 참 이상하게도 글을 못 쓰는 사람들은 하나같이 '글쓰기는 원샷'이라 오해합니다. 이 오해는 주차 브레이크처럼 글쓰기를 방해합니다. 아무리 엔진이 좋은 자동차도 주차 브레이크가 걸려 있으면 잘 나가지 않지요. 주차 브레이크에 생각의 발이 묶인 이들은 처음 쓰는 글이 마지막 글입니다. 머릿속에서만 고민 고민을 하다가 후다닥 쏟아 내고는 손을 텁니다. 고쳐 쓰기가 없습니다. 글쓰기가 만만한 이들은 후다닥 쓰고는 두고두고 고쳐 씁니다. 글을 잘 쓰는 사람이나 글을 못 쓰는 사람이나 한 편의 글을 쓰는 데 들인 시간이나 에너지의 총량은 같을지라도 결과물은 완연히 다릅니다.

　"문을 닫은 채로 쓰고, 문을 연 채로 다시 쓰세요."

　총 4,000만 부가량 책을 판 세계적인 베스트셀러 작가 스티븐 킹은 이렇게 조언합니다. 처음 쓰는 글은 아주 형편없을 테니 남이 볼 새라 몰래 쓰고, 다 쓴 이후에는 많은 이에게 보여 주며 고쳐 쓰기 하여 완성하라고 말입니다.

　헤밍웨이는 퓰리처상을 타기도 했습니다. 퓰리처상은 언론인에게 주는 상이지요. 소설? 신문 기사? 헤밍웨이가 주로 쓴 것은 어떤 글일까요? 헤밍웨이는 자신이 쓴 "모든 글은 쓰레기"라고 말합니다. 그리고

"쓰레기 같은 글도 고쳐 쓰면서 좋아진다"라고 단호하게 말합니다. 실제로 《노인과 바다》는 200번이나 고쳐 썼다고 합니다. '쓰레기'를 쓰고 '쓰레기'를 고쳐 쓰기 하여 작품이나 콘텐츠를 만드는 방식은 헤밍웨이뿐 아니라 글쓰기로 먹고사는 이들의 방식입니다. 글쓰기가 업인 이들이라 하여 처음부터 '잘 쓴 글'만 쓰는 것이 아닙니다. 누구도 처음에는 쓰레기 같은 글을 쓰고, 이것을 고쳐 쓰기 하는 과정을 거쳐 어떤 몹쓸 글도 잘 쓴 글로 바꿉니다. 글 잘 쓰기의 벽 앞에서 매번 좌절한다면 이것 먼저 기억해야 합니다. 세상에 못 쓴 글은 없다는 것을요. 고쳐 쓸 수 있는데 못 쓴 글이 있을 수 있나요?

하버드대학의 에미그 교수와 카네기멜론대학 팀이 연구한 결과를 봐도 글을 잘 쓰는 비결은 고쳐 쓰기임이 분명합니다. 연구에 따르면 글을 잘 쓰는 이들은 글쓰기에 투입한 전체 시간의 70퍼센트를 고쳐 쓰기에 할애합니다. 처음 쓴 원고의 내용을 전반적으로 점검하고 재구성하면서 거의 절반이 넘는 내용을 다시 씁니다. 고쳐 쓰기는 잘 읽히는 글을 쓰게 합니다. 쓰레기를 고쳐 쓰기 하는 것은 핵심을 빠르게 전달하여 원하는 반응을 빠르게 얻어 내기 위해서입니다. 막 쏟아 낸 필자의 주관적이고 일방적인 생각을 독자가 이해하기 쉽게 설득력 있게 변환하는 작업입니다. 세상 어떤 몹쓴 글도 몇 번의 고쳐 쓰기 과정을 거치면 잘 쓴 글로 바뀝니다.

초보 필자의 글을 볼 때마다 저는 화장은커녕 잠에서 깬 얼굴 그대로

인 배우를 갑자기 마주친 듯 아주 민망합니다. 글쓰기 코치에게 피드백을 청하며 보낸 글이 고쳐 쓰기를 한 번도 하지 않은 것처럼 엉망입니다. 세상에는 딱 두 종류의 글과 딱 두 종류의 글 쓰는 이가 있습니다.

'고쳐 쓴 글과 그렇지 않은 글'
'글쓰기 프로들의 글이나 책은 모두 고쳐 쓴 결과물임을 아는 사람과 모르는 사람'

글쓰기로 먹고사는 사람들은 압니다. 고쳐 쓰기 전에는 '글'이 아니라는 것을요. 중구난방 쏟아 낸 '쓰레기'라는 것을요. 그러니 끔찍한 것이 당연합니다. 그래서 글밥을 먹는 이들은 고쳐 쓰기 전에는 절대 글을 내보이지 않습니다. 집 밖에 나서기 위해 세수하고 기초 화장을 꼼꼼하게 하고 메이크업에 공들이는 배우처럼 몇 차례 고쳐 쓴 다음 세상에 공개합니다.

당신이 쓴 글은 몇 날 며칠을 고심한 끝에 완성한 것이지요? 그럼에도 고쳐 쓰기를 하지 않았다면 여태 쓰레기입니다. 지금까지는 고쳐 쓰기를 전제로 첫 글을 쓴 것입니다. 그러니 고쳐 쓰기를 해야 합니다. 쓸 거리를 떠올리고 오레오 공식으로 쓸거리를 구성한 다음 에세이로 담아내세요. 그리고 여러 차례 고쳐 쓰며 읽고 싶게 읽기 쉽게 에세이를 다듬으세요. 문장과 단락을 정제하세요. 그러면 쓰레기 같았던 당신의 글도 화장을 마친 배우처럼 빛이 나고 잘 읽힙니다.

세상에 내놓을 만한
글이 되는 5단계

글을 고쳐 쓰기 하자고 하면 자신이 글을 잘 못 썼다고 평가받는 것으로 오해하는 사람이 많습니다. 고쳐 쓰기는 잘잘못에 대한 평가가 아닙니다. 어떻게 더 좋은 글을 쓸 수 있을지 연구하는 과정입니다. 누가 쓰든 여러 번 고쳐 쓰기 하면 눈에 띄게 좋아집니다. 하버드생도 피드백 받은 대로 고쳐 써 에세이를 완성합니다. 어떻게 하면 고쳐 쓰기를 잘할 수 있을까요?

쉽고 빠르게 핵심을 전달하여 원하는 반응을 얻어 내는 글을 쓰는 사람들의 글쓰기 프로세스를 소개합니다. 당신의 글쓰기를 방해하는 주차 브레이크를 푸는 데 유용할 것입니다.

① 일정 시간이 지난 다음

마지막 문장의 마침표를 찍고 바로 고쳐 쓰기에 돌입하면 효과가 없습니다. 금방 다 쓴 글은 내용을 거의 다 기억하기 때문에 객관적으로 읽을 수 없거든요. 고쳐 쓰기는 일정 시간이 지난 후에 하세요. 내용을 잊어버릴 만큼 충분한 시간이 지난 다음에 해야 제일 좋습니다.

② 출력하여 독자 모드로

글을 출력해 읽으면 필자 모드에서 독자 모드로 바뀝니다. 그러면 글의 맥락이나 오류를 더 잘 파악하게 됩니다. 출력물에 빨간색이나 파란

색으로 오류를 표시하고 해당 부분을 일일이 수정하여 고쳐 씁니다.

③ 소리 내 읽으며

컴퓨터로 정서한 글을 출력하여 읽으면 고쳐 써야 할 부분이 눈에 잘 들어오지 않습니다. 소리 내 읽으세요. 그러면 매끄럽지 않은 곳을 발견하게 되는데, 이 경우 논리에 문제가 있기 마련입니다. 그러므로 해당 부분을 여러 번 소리 내 읽으며 생각을 교정합니다. 소리 내 읽으면 문장의 오류를 발견하는 데도 빠릅니다. 문장 성분을 빠뜨려 놓친 부분, 조사나 접속사를 잘못 사용한 곳 등 비교적 세부적인 것도 걸러낼 수 있습니다.

④ 오탈자를 고칠 때는 문맥까지 고려해야

오탈자를 발견하면 수정해야지요? 이때 해당 부분만 고치면 문맥이 틀어져 의미가 왜곡됩니다. 오탈자를 수정하고 앞뒤를 연결하여 읽으며 맥락에 문제가 없는지 확인해야 합니다. 오탈자를 수정할 때 문맥을 점검하는 습관을 들이는 것이 좋습니다.

⑤ 소셜 테스트와 트레이닝

혼자 쓰는 글은 늘지 않습니다. 봐 주는 사람이 있어야 잘하고 싶어집니다. 자꾸 노출해야 누군가가 내 글을 읽는 데 익숙해집니다. 글을 통해 내 속을 내보이는 듯한 거부감에도 익숙해집니다. 내 글에 시비를 거는 이가 많아지면 맷집도 늡니다. 그러니 소셜 미디어에 글을 쓰세요. 매일 찾아와 읽어 주는 귀한 독자가 하나둘 생기면 글 쓰는 재미가 쏠쏠합니다.

글쓰기 실력이 급성장하는 ABC 루틴

하버드생은 1학기 이상 의무적으로 글쓰기 수업을 들어야 합니다. 이 수업에서 글을 쓰고 쓴 글을 고쳐 쓰기 하며 완성도를 높여 가는 방식으로 글쓰기를 배웁니다. 교내 글쓰기센터에 근무하는 전문가들이 학생들의 글을 점검하고 피드백하여 고쳐 쓰기 하도록 돕습니다. '쓰기, 피드백 받기, 고쳐 쓰기' 과정을 여러 차례 반복하다 보면 글로 쓰려 한 주제에 대해 저절로 더욱 깊게 생각합니다. 이런 과정을 거치다보면 학생들은 '글쓰기는 원샷'이라는 오해를 지워 갑니다.

일본의 정신 의학과 의사이자 베스트셀러 작가인 가바사와 시온은 30점 받기를 목표로 글을 쓰라고 권합니다. 처음 쓴 글은 30점만 받고 그 30점짜리 글을 한 번 고쳐 쓰기하여 50점으로 만들고 그다음 한 번 더 고쳐 쓰기 하여 70점, 마지막으로 고쳐 쓰기하여 90점을 받는 식으로 글을 쓰라고 합니다. 그러면 글쓰기를 가로막는 부담감에 지지 않는다고 조언합니다.

나는 글쓰기를 참 좋아합니다. 재미있고 즐겁거든요. 왜냐하면 처음에 생각지 못한 것이 쓰다 보면 출몰하고 처음에 이상하던 표현이 하나하나 고쳐 쓰면 말쑥해지거든요. 정말이지, 글쓰기의 가장 큰 매력은 고쳐 쓰기에 있습니다. 장담컨대 '글쓰기는 고쳐 쓰기'라는 이해를 머릿속에 들이면 글쓰기에 대한 부담이 스르르 사라집니다. 그리고 글을 쉽게 참 잘 쓰는 사람들의 ABC 루틴을 기억하세요.

A(At once): 일단 쏟아 내기

글로 쓰려는 생각이나 의도는 애초에 머릿속에만 있고, 이대로는 실체를 분간하기가 힘듭니다. 이러한 것들을 우선 눈앞에 쏟아 내 보이는 것으로 만듭니다. 머릿속에 담겨 있던 아이디어, 생각, 의도 같은 관념들과 미리 수집한 자료를 파일이나 종이 위에 끄집어냅니다.

이 단계의 목표는 헤밍웨이의 표현대로 형편없는 초안, '쓰레기' 같은 글을 쓰는 것입니다. 하고자 하는 이야기를 처음부터 끝까지 내리 써야 합니다. 한 줄 쓰다 멈추고 되돌아보고 고쳐 쓰고 하는 습관은 차가 출발하자마자 브레이크를 자꾸 자꾸 밟는 것과 같으니까요. 그러면 생각이 달아나고 의욕이 꺾이며 그만 쓰고 싶어집니다. 그러니 한달음에 내처 써 보세요. 이 단계에서는 내용이 반복되거나 앞뒤가 맞지 않거나 단어가 뜬금없거나 맞춤법이 틀려도 상관없습니다. 주제와 관련하여 생각할 수 있는 모든 것을 가급적 빠르게 써내 초안을 만듭니다. 쓰레기에 불과할지라도 초안을 완성해야 어떤 이야기를 하려는지 알게 됩니다. 그러면 고쳐 쓰기도 빨라집니다.

B(Build it): 정리하기

쏟아 낸 쓰레기를 정리하고 정돈하여 당초 의도대로 쓸거리를 만드는 단계입니다. 독자에게 끌어내려는 반응을 확인하고 이에 맞추어 쏟아 낸 쓰레기들을 지우고 바꾸고 고쳐 쓰기 합니다. 이 단계의 목표는 논리정연하게 주제를 정리하는 것입니다. 오레오 공식을 활용했다면 쓸거리 자체에는 고쳐 쓰기 할 것이 없을 수도 있습니다. 그래도 3가지를 점검합니다. 비판적 사고 모드를 가동합니다.

'글쓴이의 의견이 주제와 관련이 있는가?'
'글쓴이의 의견이 뒷받침 문장과 관련이 있는가?'
'뒷받침 내용이 사실이고 믿을 만한가?'

C(Clearly): 다듬기

고쳐 쓰기로 내용이 정리되면 이제 표현을 다듬는 고쳐 쓰기를 합니다. 회사나 사회에서 쓰는 모든 글은 핵심을 빠르게 전달하여 원하는 반응을 빠르게 얻어내야 합니다. 그러려면 간결하고(compact) 적절하고 확실하게(correct) 명료하게(clearly) 고쳐 쓰기 해야 합니다.

스마트폰은 주기적으로 업데이트 서비스를 합니다. 소비자가 돈 내고 살 때는 몰랐던 결함이나 부족함을 보완하는 것이지요. 100만 원이 훌쩍 넘는 상품도 이렇습니다. 유료 구독료를 내고 사용하는 소프트웨어나 어플도 마찬가지입니다. 사용 경험이 늘어나면서 수정하고 보완하는 것이 기본입니다. 글쓰기에 대해서도 이렇게 생각하세요. 쓰고 피드백 받고 고쳐 쓰고 하는 과정이 안겨 주는 뜻밖의 선물은 글 쓰는 일에 관한 멘탈을 강화시켜 주는 것입니다. 세상에는 못 쓴 글도 몹쓸 글도 없다고, 고쳐 쓰기 하면 누구나 얼마든지 멋진 글을 쓸 수 있다고 믿게 되는 것입니다.

망친 글도
단숨에 번듯하게 만드는
금손 되는 법

잘 쓴 글은 독자를 설레게 합니다. 필자가 하자는 대로 하고 싶어지지요. 그것도 바로 당장 해야 할 것 같고, 하지 않으면 큰일 날 것 같습니다. '그래서? 어떻게 하면 되지?' 하며 다음 내용이 자꾸 궁금해집니다. 그러니 계속 읽을 수밖에요. 잘 쓴 글이란 이렇듯 독자로 하여금 끝까지 읽게 하고 읽은 다음 반응하게 합니다. 내가 원한 바로 그 반응이지요. 반면 못 쓴 글은 반응은커녕 끝까지 읽히지도 못합니다. 무슨 말을 하려는지가 분명치 않거나 말하는 내용의 앞뒤가 맞지 않고, 또 일방적으로 우기거나 합니다. 뭔가를 우기는 것 같기는 한데 그마저도 무슨 소리인가 싶습니다. 읽을수록 헷갈리니 독자는 도망칩니다. 글을 읽는 데 들인 시간을 너무 아까워합니다. 대부분의 경우 이런 낭패는 논리적이지 않아서입니다. 잘 쓴 글은 논리성이 탄탄합니다. 그래서 빨리 잘 읽힙니다.

잘 읽히는 글은 '무엇을 어떻게 한다, 하라'는 식으로 결론이 분명합니다. 결론이 분명하면 왜 그래야 하는지, 합리적 이유를 댈 수 있고 이유에 대한 근거들 또한 타당하게 붙일 수 있습니다. 그러니 주장에 힘이 실려 빠르게 잘 먹힐 밖에요. 논리성이 강한 글은 이처럼 '주장한다(결론을 분명히 내세운다)'와 '증명한다(주장에 대한 이유와 근거를 제시한다)'는 2가지 조건을 충족해야 합니다. 오레오 공식으로 쓴 글은 틀림없이 이런 결과를 냅니다.

'메모할 때 노트북이나 스마트폰보다 손 글씨로 종이에 메모하면 뇌 능력이 좋아진다. 종이에 쓰면 눈에 보이기 때문이다.'

이 글은 종이에 손 글씨로 메모하는 것이 기억력에 좋다고 주장하려는 듯합니다. 하지만 주장하는 바가 분명치 않고 그 이유 또한 어설프지요. 이유에 대한 근거도 없습니다. 증명에 실패했으니 주장도 실패입니다. 이 글이 논리성을 확보하려면 먼저 주장을 분명히 해야 합니다. 아마도 필자는 이런 주장을 하고 싶었을 것입니다.

→ 뇌 능력을 좋게 하려면 손으로 글을 써야 한다.

이토록 명료한 주장이 먹히려면 다음과 같은 데이터를 동원하여 이유와 근거를 대야 합니다.

직접적인 연구 결과
중요한 실험과 테스트들에 대한 보고들
당신의 연구와 흡사한 중요한 실험과 테스트들에 대한 보고들
관련 공식 기관의 승인 및 인증
해당 분야 공식 전문가의 의견
신뢰할 만한 체험의 기록

이제 앞의 예문을 고쳐 쓰기 한 글을 볼까요? 주장, 이유, 근거가 분명하게 제시되어 설득력 높은 글로 바뀌었습니다.

→ 뇌 능력을 좋게 하려면 디지털 기기를 사용하기보다 손 글씨로 종이에 메모하기를 권한다. (주장) 손으로 글씨를 쓰면 뇌가 자극되어 뇌가 활발하게 움직이기 때문이다. (이유) 워싱턴대 버지니아 베르닝거 교수 연구진이 밝힌 실험 자료에 따르면 펜을 쓰는 아이들이 키보드를 쓰는 아이들보다 더 빨리 더 많이 더 정확한 문장을 쓰는 것으로 나타났다. 어른도 마찬가지라고 한다. (근거)

"잘 하려면 힘부터 빼라."

어느 분야에서든 고수들은 이렇게 말합니다. 글을 잘 쓰는 일에도 힘부터 빼기가 우선입니다. 잘 쓰려 들지 말고 제대로 써야 합니다. 의도한 대로 독자를 반응하게 만드는 것이 제대로 쓰기입니다. 제대로 쓴 글은 글밀도가 높습니다. 적게 말하고 많이 얻습니다. 쓰면 먹히는 설득력 높은 글, 논리정연한 글을 쓰려면 주장, 이유, 근거라는 논리 법칙을 사용해서 씁니다. 오레오 공식을 활용하면 쉽습니다.

피드백을
받는다,
예외는 없다

법무관으로 군복무 중인 하버드대학교 유학생의 이야기입니다. 그는 하버드대학교에서 전체 수석을 했습니다. 하버드대학교 졸업생 1,552명 가운데 전체 수석은 2명이었습니다. 졸업 학점은 4.0 만점에 4.0. 하버드대 학부에서 한국 국적인 유학생이 전체 수석으로 졸업한 것은 이때 그가 처음입니다. 남들은 4년 걸리는 학부 과정을 3년 만에 마치며 경제학과 수석상과 최우수 졸업 논문상을 받았고, 그해 9월 미국 예일대 로스쿨에 진학했습니다.

이 유학생의 이름은 진권용. 대체 그는 어떻게 영어를 배우고 어떻게 글쓰기를 연습했길래 글쓰기가 대학 생활의 전부인 하버드에서 수석 졸업까지 할 수 있었을까요? 한 신문 인터뷰에 실린 그의 대답이 눈길을 끌었습니다.

"매일 에세이를 써서 지도 교수에게 피드백 받았습니다."

하버드대학교에서 20년 넘게 학생들의 글쓰기를 가르친 낸시 소머스 교수가 한국을 방문한 적 있습니다. 그는 하버드대학교에 진학한 한국 학생들은 우수하지만 자신의 장점을 글로 담아내는 능력이 부족해서 제대로 평가받지 못한다고 지적하기도 했습니다.

"하버드대학교에 진학하려면 에세이를 잘 써야 한다"라고 강조하면서 학생끼리 서로의 글을 읽고 고쳐 주는 동료 평가 방법이 가장 좋다고 조언했습니다.

로봇 전문가 데니스 홍 교수. 처음 교수로 임용되어 그가 가장 많이 한 일은 연구비를 얻어내기 위해 제안서를 작성하고 돈을 타 내는 일이 었다고 합니다. 그런데 제안서 내용을 채우기 위해 밤새워 가며 공부하고 제안서를 만들어 제출하면 탈락, 탈락, 탈락을 거듭했다고 합니다.

제안서 작성에 노심초사하는 그를 보다 못한 한 재단 대표가 재단에 제출된 연구 제안서를 심사해 보라고 하더랍니다. 이를 계기로 데니스 홍은 다른 교수들의 제안서를 읽으며 제안서를 어떻게 써야 하는지, 어떤 제안서가 반응이 좋고 아닌지를 실감나게 체험했다고 합니다. 이렇게 자신이 쓴 제안서의 문제점을 알게 되었고, 이후 데니스 홍 교수도 연구비를 잘 타 내는 교수가 되었다는 이야기를 그의 저서에서 읽었습니다. 다른 이의 글을 읽고 동료로서 의견을 들려주는 기회는 글쓰기 책 10권을 읽는 것보다 효과적입니다.

우리나라에서는 글쓰기를 체계적으로 배우기가 쉽지 않고 피드백 수업을 받는 것도 여의치 않습니다. 소머스 교수가 언급한 동료 평가는 동료의 글을 최대한 많이 읽어 보고 자기 글도 평가받아 봐야 비로소 내 글의 단점이 무엇인지, 어떻게 개선할지 알 수 있다는 점에서 매우 훌륭한 방법이지요. 하지만 우리는 자기 글을 남에게 보여 주기 싫어하고 평가받기는 더욱 두려워하며 무엇보다 글쓰기 경험이 일천하여 동료의 글을 읽고 도움될 피드백을 해 줄 만큼 안목을 갖지도 못했습니다.

하버드생에게 피드백은 그저 일상입니다. 자신이 쓴 글을 피드백 받고 고쳐 쓰면서 완성도를 높이는 것은 글의 수준을 최상으로 끌어올리는 작업입니다. 피드백 받아 고쳐 쓰면 주제를 더 많이 더 깊이 생각하게 되고 피드백해 주는 이의 영향으로 다르게 생각할 수도 있습니다. 피드백은 잘잘못을 가려 지적받는 것이 아니라 글을 쓰며 맞닥뜨린 어려움을 다른 사람의 도움을 받아 해결하는 방법입니다.

글을 잘 쓰게 되는 기술은 글쓰기 수업에서가 아니라 쓰면서 피드백 받고 고쳐 쓰면서 느는 것입니다. 쓸거리를 만들고 에세이로 담아내는 전 과정을 셀 수 없이 많이 수행하면서 경험을 쌓아야 글쓰기 기술이 요구하는 감각과 안목을 가질 수 있습니다.

전문가에게 피드백을 받고 싶다면
확인해야 할 것

전문가에게 피드백 받으면 생각의 수준과 글의 완성도를 높일 수 있습니다. 유능한 글쓰기 전문가는 피드백 과정에서 문제점을 체크하고 개선하는 아이디어를 줍니다.

'핵심이 분명한가?'

'메시지가 명료하게 구성되었나?'

'메시지가 논리정연한가?'

'설득력 있게 단락이 구성되었나?'

'문장 표현은 적합하고 흥미로운가?'

'거론된 팩트는 확실한가?'

'예민한 내용인 경우 문제 소지는 없는가?'

'분량은 적당한가?'

입시 학원에서 논술 피드백 수업을 하는 강사 외에 전문적으로 피드백이 가능한 이는 많지 않지만, 전문가를 찾을 때는 다양한 요소를 고려해야 합니다. 써 온 내용에 대해 깊이 대화를 나누며 무엇을 쓰려 했는지, 왜 쓰려 했는지 글쓴이의 의도를 이해하고 의도에 맞게 메시지를 끌어내고 구성하도록 생각하는 방법을 바로 잡아 줄 역량을 가진 사람이라야 합니다. 아울러 발견되는 문제점을 해결하는 대책과 문제가 발생하는 원인, 예방하는 방법도 알려 주는 이를 만나야 합니다. 글쓰기에 깊은 지식과 그것을 설명하는 기술을 가진 이를 만나야 합니다. '이렇게 해 보세요' 하며 즉석에서 글을 바꿔 써 보이는 시범을 보일 수 있을 만큼 글쓰기에 조예가 깊은 이를 만나는 게 좋습니다.

━

글쓰기 고수들의
연습 비결
따라 하기

셰프가 되겠다는 사람에게 유명 셰프들이 요구하는 것은 딱 하나입니다. 잘 만든 요리를 많이 먹어 보고 많이 만들어 봐야 한다는 것. 그래야 요리에 대한 안목과 감각을 기를 수 있다고 조언합니다. 글쓰기 기술도 딱 그렇습니다. 하버드생처럼 쉽게 글쓰기에 익숙해지면, 오레오 공식으로 쓸거리 만들기에 능숙해지면 다음에는 멋있게 쓰고 싶어집니다. 이때 필요한 것이 셰프들이 가진 요리 안목 같은 글에 대한 감각과 안목입니다. 안목이 있어야 잘 쓴 글과 못 쓴 글을 분별하고 감각이 있어야 멋있는 글도 척척 써낼 수 있으니까요. 그런데 감각과 안목은 어떻게 기를 수 있을까요? 오레오 공식처럼 비법이 있을까요? 미국의 유명한 글쓰기 전문가 윌리엄 진서의 모범 답안을 들어 봅니다.

"독자가 즐길 만한 목소리를 찾아내는 것은 감각이다. 감각이란 절뚝 거리는 문장과 경쾌한 문장의 차이를 들을 줄 아는 귀이며, 가볍고 일 상적인 표현에 격식 있는 문장이 끼어들어도 괜찮을 뿐 아니라 불가피 해 보이는 경우를 아는 직관이다."

그러면서 그는 이러한 감각은 습득이 가능하다고 우리를 위로합니 다. 비결은 그러한 감각을 가진 작가를 연구하는 것이라고 말이지요. 빙고, 찾았습니다. 그러한 감각을 가진 작가를 연구하는 것이 글 잘 쓰 기에 필요한 감각을 연마하는 것이며 이는 그런 작가의 글쓰기를 흉내 내기로 가능합니다. 그가 쓴 글을 따라 쓰기 하는 것으로 얼마든지 가 능합니다.

글 좀 쓰는 사람들은 다 해 봤다, 따라 쓰기

쓸거리로 글의 뼈대를 만들고 단락을 구성한 다음에도 글을 잘 쓰는 것에 대한 고민은 이어집니다. 문장 쓰기 노하우, 어휘력 향상하기, 맞 춤법 익히기, 문법에 맞추어 쓰기, 독자의 마음을 이해하여 쓰기…. 한 도 끝도 없습니다. 여기에서 반가운 소식은 언어 전문가에 따르면 글쓰 기를 포함한 언어 공부는 잘 읽는 것이 전부라는 것입니다. 그런데 글쓴이의 생각을 쓰인 그대로 읽어 내기가 의외로 어렵습니다. 그래서 나온 비법이 내용을 그대로 옮겨 쓰며 정독하는 따라 쓰기입니다. 따라 쓰기는 '쓰기'가 아니라 쓰기 행위를 통한 '읽기'를 말합니다. 따라 쓰기는 카피라이터, 신문 기자, 작가 등 글쓰기를 생업으로 해 온 글 좀 쓰는 사람들이 맹종한 연습 방법이고요. 잘 쓰인 글을 따라 쓰기 하다 보면 글을 잘 쓰는 데 필요한 감각과 안목에 저절로 눈뜨기 때문입니다.

글쓰기 감각과 안목을 길러 줄 따라 쓰기 연습은 그 효용성에 비해 방법이 오레오 공식처럼 참 쉽습니다. 먼저 멘토 텍스트를 고릅니다. 따라 쓰기는 잘 쓰인 글인 멘토 텍스트를 선정하는 데서 성패가 좌우되는데요. 아무 글이나 내키는 대로 따라 쓰기 하면 잘 못 쓴 글을 흉내 내게 됩니다. 논리적 글쓰기에 초점을 맞추어 잘 쓰려면 신문사 논설위원이 쓴 칼럼이 멘토 텍스트로 제격입니다. 신문 칼럼은 오랫동안 대중적 글쓰기로 잔뼈가 굵은 기자들이 쓰는 것으로, 신문사마다 갖춘 전문가 그룹이 정리하고 정제하여 게재하는 제대로 쓰인 글의 표본이기 때문입니다.

멘토 텍스트를 한 편씩 따라 쓰기 하되 의미 단위별로 소리 내 읽고 외워서 그대로 옮겨 씁니다. 이것이 방법의 전부입니다. 노트에든 워드 파일에든 SNS에든 손 글씨로든 타이핑이든 편한 방법을 택해 따라 쓰기 합니다. 매일 한 편씩 공들여 따라 쓰면 글쓰기는 물론 책 쓰기, 보고서 쓰기, SNS 쓰기까지 다 잘하게 된다는 증언을 수없이 들었습니다. 나 역시 중학교 2학년 때부터 따라 쓰기를 해 왔답니다.

글쓰기가 당신의
발목을 잡지 않도록

383년의 역사를 자랑하는 미국에서 가장 오래된 대학. 글로벌 500대 기업의 CEO를 가장 많이 배출한 대학. 47명의 노벨상 수상자를, 32명의 각국 대통령을 그리고 48명의 퓰리처상 수상자를 배출한 대학. 빌 게이츠, 마크 저커버그 등 내로라하는 기업가가 다닌 학교. 세계 최초로 설립된 MBA로 가장 높은 연봉을 자랑하는 경영 대학원도 이곳에 있습니다.

'하버드 7년 연속 1위.'

하버드대학교가 〈월스트리트저널〉과 〈영국 타임스 고등교육〉이 공동 선정한 '2018년 상위 50개 미국 대학 순위'에 연속 1등으로 뽑혔다고 합니다. 19만 명 가까운 학생과 졸업생이 평가를 했다는데요. 졸업 후 연봉, 배운 것을 실무에 활용하는 정도 등이 평가 요소였습니다. 이 정도면 세계 최고 명문이라는 수식이 결코 과하지 않습니다.

저는 《150년 하버드 글쓰기 비법》을 쓰면서 왜 하버드 출신들이 이토록 눈부신지 비로소 알았습니다. 하버드대학교의 영향력은 어째서 이렇게 강력한지 이제는 자신 있게 말할 수 있습니다. 이 학교가 여태까지 발전시켜 온 글쓰기 교육 프로그램 덕분이라고 소리 높여 말할 수 있습니다.

하버드대학교는 글쓰기 수업으로 단지 에세이 잘 쓰기가 아니라 다른 이를 설득해 영향력을 발휘하는 막강한 능력을 갖추도록 지원합니다. 글을 잘 쓴다는 것, 간결하게 메시지를 구성하여 읽고 싶게 읽기 쉽게 전달할 수 있다는 것, 그런 사고가 가능하다는 것은 자신이 주인이 되는 주도적인 삶을 살 수 있다는 뜻일 겁니다. 하버드대학교가 거둔, 거두는, 거둘 성취는 글쓰기 교육으로 학생들 각자에게 이런 능력을 갖추게 했기 때문이리라 생각합니다. 그래서 이 학교는 글쓰기 과목 하나를 150년 가까이 개발하고 발전시켜 왔을 것으로도 생각합니다.

어느 해에 A 대학 공학 계열 단과 대학의 B 학장에게 거두절미한 제안을 받았습니다.

"우리 학생들에게 글쓰기 좀 가르쳐 주시지요?

저는 카이스트에서 5년 동안 학생들에게 의사소통 기술을 가르친 경험이 있습니다. 이공계 학생들이 의사소통 능력을 발휘하면 학생 개인에게나 학교에나 또 사회적으로 얼마나 큰 영향력을 발휘하게 되는지를 경험한 터라 반색하며 답했습니다.

"1년 과정으로 만들어 주세요. 적어도 1년 동안 학생들이 글쓰기를 위해 읽고 글쓰기를 위해 생각하며 살게 해 주세요. 그러면 평생 써먹는 글쓰기 실력을 갖추게 할 수 있어요."

'글쓰기 한 학기만 하자'던 학장님은 학교 측을 설득해 본다고 했고 저는 기다려 본다며 그 자리를 파했습니다. 그러나 저는 기다리지 않았습니다. 학장님은 학교를 설득하기 힘들 테니까요. 학장님이 애쓴다 해도 그 대학 교수진이 아닌 외부인이 들어가 1년씩 수업하는 것을 용납할 학교가 없으니까요. 글쓰기는 교양 국어에서 가르치면 된다고 생각하는 대학이 거의 전부거든요. 그 후 학장님의 소식을 듣거나 그 학교 이름을 들으면 저는 이렇게 구시렁댑니다.

"누구는 4년씩이나 글쓰기 수업에 목을 매는데, 그러고도 졸업해서 글쓰기를 더 배우고 싶다고 난리인데…. 그러면서 세계적인 대학은 무슨…."

지금 바로
당신의 글에 투자하라

하버드 최초의 여성 총장으로 화제를 모았던 드류 파우스트. 그는 전세계 정치 지도자의 절반 이상이 인문학과 사회과학 전공이고, 비즈니스 리더의 75퍼센트가 업무에서 가장 중요한 능력으로 꼽는 것이 글쓰기 능력이라고 강조합니다. 덧붙여 글쓰기가 인문학에서의 핵심 능력이라고 말합니다.

철학자이자 《리스본행 야간열차》를 쓴 작가 페터 비에리는 "언제 어디에선가 주워들은 조각난 말과 생각의 찌꺼기들을 되풀이하는 자괴감의 일상에서 벗어나 큰 관심과 넓은 시야로 세상과 자기 자신을 이야기할 수 있어야 비로소 교양인"이라고 주장합니다.

당신도 글쓰기로 당신의 교양에 투자하세요. 글쓰기로 생각하는 힘을 기르세요. 비판적으로 생각하고 분석하고 판단하고 관찰하고 표현하고 설득하는 큰 힘을 가지세요. 독자를 생각하고 염려하고 배려하는 에세이를 쓰며 인공 지능이 엄두 못 낼 공감 능력을 기르세요. 글쓰기에 투자하는 것이 정말로 매력적인 이유는 빈손으로 당장 시작할 수 있기 때문입니다. 무엇을 하며 살았든 컴퓨터만 켤 줄 알면 누구나 가능하거든요. 투자에 위험 부담도 없습니다. 물감을 사지 않아도 되고 바이올린을 사지 않아도 되거든요. 집집마다 한 대쯤 있을 컴퓨터면 됩니다.

책을 쓰다 말고 아들아이에게 전화를 했습니다.

"대학 공부 다시 하면 좋겠어. 하버드 가면 좋겠어."

군에 다녀와 3학년에 복학한 아이에게는 말도 안 되는 소리였겠지만 저는 진심을 다해 말했습니다. 그러자니 목소리가 떨렸습니다.

"네가 가게 된다면 엄마는 머리채를 잘라 비행기표 사 줄 거야."

하버드대학교에서 글쓰기 공부를 할 수 있다면 스테인레스 수저 한 벌 쥐어 주지 않아도 아이는 제 생각으로 남을 움직이며 충분히 앞가림 하겠다 싶었습니다.

"내 인생에서 가장 큰 영향을 준 가장 중요한 분들은 선생님입니다. 선생님에게 생각하는 방법과 글쓰는 법을 배웠거든요. 지금도 연락하고 찾아뵙니다."

하버드대학교 총장을 지낸 드류 파우스트의 말입니다. 저도 생각하는 방법과 글 쓰는 법을 알려 주는 선생님의 마음으로 이 책을 썼습니다. 이 마음이 당신에게도 전달되면 좋겠습니다.

서문에서 질문 드린 게 있지요? 답을 알려드립니다.

"왜 여기 이러고 있소? 가서 글 쓰시오!"

독자들의
최다 궁금증과
답변

글쓰기에 대해서
10만 독자가 가장 궁금해하는 10가지 질문에
대한민국 대표 글쓰기 코치가 친절하게 답했습니다.

질문 1

논리적 글쓰기가 여전히 유효한가요?
코로나19 팬데믹으로
세상이 순식간에 바뀌었는데

　하버드대학교에서 150년 동안이나 학생들에게 가르쳐 주려 애쓴 것은 공부에 필요한 글쓰기 기술이 아닙니다. 생각을 만들고 정리하는 논리적 글쓰기 능력을 학문적인 범위에 국한하지 않고 사회 전 분야에 꼭 필요한 과제라고 봤습니다.

　하버드대학교 출신 가운데 세계사를 장식하는 유명 정치인, 노벨상에 빛나는 학자, 세계 경제를 움직이는 억만장자가 많습니다. 그들 모두 자기 주도적이고 창의적으로 생각하는 능력을 학창 시절에 도야한 덕분입니다. 그리고 이 중심에 논리적 글쓰기가 있습니다. 일리 있고 조리 있게 논리적으로 사고할 줄 아는 능력은 모든 경쟁의 핵심이고 성공을 결정하는 근본이며 글쓰기라는 행위로만 길러집니다.

하버드에서 그토록 오랫동안 논리적 글쓰기에 집착한 것은 논리적 글쓰기로 길러지는 논리적 사고가 소통 기술의 차원을 넘어 메타 기술이기 때문입니다. 메타 기술이란 사고력, 자신감, 스토리텔링, 창조성, 발견력, 설득력, 영향력 등 일과 삶에서 성공하기 위한 핵심 자질들을 발휘하게 하는 기초이자 기본, 기반이 되는 기술을 말합니다. 삶 전반에 영향을 미치는 이런 자질들은 논리력 없이는 불가능합니다. 하버드 대학은 학생들에게 이 논리력을 체득하도록 공들이고 애썼습니다.

코로나19 팬데믹으로 빠르고 정확한 업무 수행과 이를 위한 소통 능력이 새로운 기준이 됐습니다. 한마디로 주목하게 만들고 핵심을 빠르게 전달하고 원하는 반응을 요청하고 설득하여 상대를 내가 원하는 방향으로 움직이게 만드는 능력은 비대면 시대에 더욱 주목받을 수밖에 없습니다. 게다가 원격 업무 등 비대면 업무가 자리 잡는 포스트 코로나 시대에는 조직 계층이 줄어들고 어중간한 관리자가 사라져 소통 능력이 부실하면 자리를 지켜 낼 수 없습니다.

변호사, 영업자, 직장인, 교사, 피아노 교습소 원장, 농업인, 간호사, 체육인, 간호사, 초등학생, 학부모, 퇴직자에 이르기까지 누구에게나 논리적으로 생각하고 글 쓰는 능력이 필요합니다. 어떤 일에서든 성공을 좌우하는 메타 스킬이자 작가가 아닌 사람들에게도 글쓰기가 생업의 일부이기 때문입니다. 무슨 일을 하든 논리적으로 사고하고 말과 글로 표현하는 논리력은 자기 분야에서 성공하고 싶은 사람의 필수 자질입니다.

이메일, 문자 메시지, 소셜 미디어를 통해 의사소통하는 이들이 늘어나면 늘어날수록 글을 잘 쓰는 사람이 그렇지 않은 사람에 비해 두드러지고 능력이 발견될 기회가 증폭되어 초격차를 만들 것입니다.

이런 변화가 코로나19 팬데믹으로 순식간에 바뀐 세상에서도《150년 하버드 글쓰기 비법》이 여전히 읽혀야 하는 이유입니다.

글쓰기 시대는 지난 것 같은데요?
인공 지능이 글 써 주고
유튜브는 말로 하니까요

그렇습니다. 인공 지능이 글도 제법 씁니다. 골드만삭스에서는 600명이나 되던 주식 매매 트레이더를 2명만 남기고 해고했습니다. 골드만삭스가 만든 인공 지능 '켄쇼'가 분석부터 보고서 쓰기까지 모두 해결하기 때문입니다.

인공 지능은 이제 소설을 쓰고 대학생의 과제에 피드백을 하고 심지어 언론 기사도 씁니다. 희망 사항이 아니라 실제로 일어난 사건입니다. 모건은 사람 카피라이터가 하던 일을 인공 지능 카피라이터에게 맡겼습니다. 잘 읽히고 잘 통하는 글쓰기를 학습한 인공 지능이 어떤 직무에서든 그에 필요한 글을 척척 다 써 줄 것입니다.

그렇다면 사람은 이제 글쓰기에 골머리를 앓지 않아도 될까요? 글쓰기를 배우느라, 글을 쓰느라 시간과 에너지를 쏟아붓지 않아도 될까요?

역설적으로 인공 지능이 어떤 글이든 대신 써 줄 수 있기 때문에 글쓰기를 인공 지능에게 맡겨서는 안 됩니다. 글쓰기를 인공 지능에게 넘긴다는 것은 글쓰기는 물론 생각하기까지 인공 지능에게 맡긴다는 뜻이기 때문입니다.

하버드대학교에서 글쓰기 교육에 그토록 심혈을 기울인 까닭은 글을 쓰는 행위가 곧 생각하기이며 생각하면서 글을 쓸 때 사고가 더 잘되기 때문입니다. 이런 이유로 인공 지능이 글쓰기를 다 해 주는 시대일수록 우리는 글쓰기를 인공 지능에게 맡겨서는 안 됩니다.

글쓰기, 즉 생각하기 기능을 아웃소싱하면 생각하는 능력을 상실합니다. 글쓰기는 핵심을 요약하고 정리하여 이를 적절한 단어와 문장으로 담아내 문장은 단락으로, 단락은 한 편의 글로 전하는 것입니다. 이 같은 글쓰기 여정은 고도의 사고 과정입니다. 글을 쓴다는 것은 생각한다는 것이고 글을 잘 쓰기 위해 노력하는 것은 더 잘 생각하기 위해 애쓴다는 증거입니다.

인공 지능에게 이 행위를 맡겨 버리면 우리는 인공 지능의 보조 역할로 전락하고 맙니다. 인공 지능에게 일부 직무와 일자리를 내줄 수는 있습니다. 하지만 인공 지능을 만들고 부리며 활용할 수 있는 사고 능력만은 인공 지능에게 내줄 수 없습니다. 이것이 인공 지능이 글쓰기 직무를 대체하는 시대에도 우리가 글을 잘 써 보려 더욱 노력해야 하는 이유입니다.

또한 지금은 유튜브 시대입니다. 아니 말의 시대, 영상의 시대입니다. 말하기가 쉽고 빠릅니다. 하지만 결정적인 순간에는 글쓰기가 요구됩니다. 유튜브가 아무리 보기 수월한 매체라도 비즈니스에 요구되는 소통은 영상이 아니라 글쓰기입니다. 소통은 간결하고 정확해야 하기 때문입니다.

유튜브 같은 말하기 채널이 득세할수록 글쓰기 능력이 요구됩니다. 유튜브 같은 영상 채널뿐 아니라 애초에 어떤 채널이든 콘텐츠를 만들어 송출하려면 논리적 사고에 기초한 기획 능력이 필수입니다.

다시 말하지만 글쓰기는 사고하는 능력입니다. 글쓰기를 뒷받침하는 논리정연한 사고 능력은 유튜브 채널을 기획하고 대본을 쓰는 과정에도 당연히 요구됩니다. 말의 비즈니스가 가속될수록 논리적 사고력, 글쓰기 역량의 중요성은 높아질 수밖에 없습니다. '워터 프루프'는 방수 기능을 말합니다. '인공 지능 프루프'는 인공 지능에 지지 않고 밀리지 않는 것을 말합니다. 이는 오직 글쓰기로만 가능합니다.

하버드대학도
한물가는 것 아닌가요?
학교가 사라지는 시대잖아요

코로나19 팬데믹은 학교를 가르치는 곳이 아니라 학생들이 잘 배우도록 돕는 곳으로 바꿀 것이라 시사합니다. 이미 유명한 대학들은 온라인으로 수업을 공개합니다. 이렇듯 '학교가 사라지는 시대라면 하버드의 권위도 유명무실해지고 하버드에서 가르쳐 온 논리적 글쓰기의 위력도 상실되는 게 아닐까' 하는 생각이 들 수도 있습니다.

2014년에 개교하여 하버드보다 입학하기 어렵다는 명성을 얻은 미네르바대학교. 이 학교는 아직 생기지도 않은 직업에도 적응하는 인재 키우기를 목표합니다. 이를 위해 대학이 집중적으로 가르치는 것이 바로 사고 능력입니다. 신입생들은 비판적 사고력, 창의적 사고력, 상호적 소통 능력을 집중해서 배웁니다. 데이터로 검증하면서 설득력 있는 논리를 조직하는 훈련을 합니다.

미네르바 대학의 커리큘럼은 하버드대학이 150년 동안이나 논리적 글쓰기를 교육하는 이유를 너무나 잘 인식하고 반영한 증거입니다. 미네르바 대학을 보더라도 논리적으로 생각하고 글쓰기 능력은 1,500년이 지나도 가장 기본적으로 요구될 사고 능력임에 틀림없습니다.

하버드대학의 가치는 미네르바 대학 같은 후발 주자에 따라잡힐 수 있지만 하버드대학이 가르쳐 온 논리적 글쓰기는 미네르바 대학이 그대로 가르치듯 앞으로도 공부하는 사람이 맨 먼저 배워야 할 기초 과정으로 영원할 것입니다. 왜냐하면 논리적으로 생각하고 말과 글로 표현하는 논리력은 곧 문제 해결 능력이기 때문입니다.

코로나19 사태로 목도했듯 세상은 불확실하고 변덕스러우며 위험한 새로운 문제들로 차고 넘칩니다. 예측할 수 없는 문제를 해결하는 데는 창의적인 사고가 필요합니다. 창의적 사고는 논리력이 기본입니다. 인류가 존재하는 한 문제 발생은 끊임이 없을 테고 문제가 있는 한 논리력은 해결책을 제시하는 데 반드시 필요합니다.

어떤 세상이 와도 논리력은 전문가와 학자뿐 아니라 주장하고 요구하고 제안하고 설득하는 삶을 영위하는 사람들의 모든 순간에 반드시 필요한 기술입니다. 마음을 움직이고 돈을 끌어모아야 하는 결정적 순간을 좌우하는 핵심 기술입니다. 이런 기술을 개발하는 유일한 방법이 논리적 글쓰기입니다. 하버드대학의 명성이 사라져도 논리력을 길러야 하는 필요성에 힘을 실으려 천재 수학자 존 폰 노이만의 말을 인용합니다.

"만약 생활 속에서 논리가 없어진다면 생명이 규칙과 법칙을 잃은 것처럼 혼란스러워질 것이다. 또한 논리학은 어디서든 볼 수 있는 물처럼 눈에 띄지 않아 소홀히 하기 쉽지만, 우리는 그것과 떨어져 살 수 없다."

질문 4

오레오 공식,
어떻게 연습하면
내 것으로 만들 수 있을까요?

핵심 습관 '오레오'

'재능은 어떻게 개발되는 걸까?'

궁금증을 밝히기 위해 〈뉴욕타임스〉의 대니얼 코일 기자는 자기 분야에서 재능을 발휘하는 초일류들을 찾았습니다. 세계적으로 스포츠 클럽, 음악 학교, 특수 학교 등 재능을 폭발시키는 용광로를 심층 취재한 끝에 그가 내린 결론은 이러했습니다.

"재능은 타고나는 것이 아니라 연습으로 개발되는 것이다."

저는 이 말을 참 좋아합니다. 글쓰기가 재능이 아니라 연습으로 개발되는 기술이자 능력이라니 얼마나 반가운가요? 글을 잘 쓰는 사람들은 하나같이 재능을 타고난 것이 아니라 연습으로 만들어졌습니다. 저만 해도 학창 시절 글쓰기로 내로라하는 상을 타 본 적 없지만 글쓰기로 밥을 먹고 삽니다. 글쓰기가 업인 현장에서 허구한 날 쓰면서 연습한 결과지요.

습관의 비밀을 추적해 세계적인 베스트셀러《습관의 힘》을 쓴 찰스 두히그. 그는 '핵심 습관' 단 하나만 바꾸면 관련된 나머지 습관을 모두 바꾸는 것은 시간 문제라고 습관의 비밀을 알려 줍니다.

볼링공으로 킹 핀을 쓰러뜨리면 핀 10개가 단번에 쓰러지듯 오레오 공식이야말로 논리적으로 생각하고 표현하는 능력을 기르는 데 필요한 단 하나의 핵심 습관입니다. 오레오 공식을 능숙하게 사용할 수 있다면 글쓰기는 물론 공부와 삶에 가장 큰 영향력을 발휘하는 메타 기술을 갖게 됩니다.

핵심 기술 '오레오 공식'

손흥민 선수는 또래 선수들이 경기를 뛰는 동안 양발로 볼 리프팅과 8자 드리블만 죽도록 연습했습니다. 그의 소속사 토트넘이 재정난에 처했음에도 포기할 수 없다는 손흥민의 몸값은 우리나라 돈으로 873억 원. 핵심 기술을 완벽하게 습득한 결과입니다.

논리적 글쓰기 기술을 자유자재로 활용하려면 손흥민 선수처럼 핵심 기술을 완벽하게 습득해야 합니다.

논리적 글쓰기에서 핵심 기술은 쓸거리를 말이 되게 만드는 것, 즉 전달하려면 내용을 일리 있고 조리 있게 쓸거리로 만드는 것입니다. 하버드생처럼 논리적으로 생각하고 글을 쓰려면 '핵심 기술을 숙달하여 핵심 습관으로 만들기'를 목표로 해야 합니다. 논리적으로 쓸거리를 만드는 오레오 공식을 자동화하고 오레오 공식으로 정리한 생각을 에세이로 완성하면서 논리적으로 생각하고 글쓰기를 몸에 배게 만들어야 합니다.

쓸거리의 핵심인 메시지를 정리하는 단계, 메시지를 증명하는 오레오 공식 4줄 만들기 단계, 쓸거리를 에세이로 완성하는 단계로 차곡차곡 연습합니다. 논리적 글쓰기 핵심 기술은 이 단계를 습득하여 자동화하는 것입니다.

핵심 연습 비법

하버드생처럼 논리적으로 생각하고 글을 쓰려면 의식적인 연습과 실전 같은 훈련이 필요합니다. 핵심 기술을 일정한 수준으로 발휘하는 실력을 기르려면 매우 정교하게 마련한 프로그램으로 연습해야 단 10분을 연습해도 100퍼센트를 집중하여 성과를 낼 수 있습니다.

하버드생처럼 논리적으로 생각하게 되는 글쓰기 연습 프로그램은 3단계로 구성했습니다.

1단계: 오레오 공식으로 쓸거리 만들기 연습
오레오 공식으로 논리정연한 생각을 만들고 구성하는 연습을 합니다.

2단계: 에세이 쓰기로 실전 훈련
일리 있고 조리 있게 정리한 쓸거리를 에세이로 전달하는 실전 연습을 반복합니다.

매번 1, 2단계를 한 세트로 연습합니다. 연습의 목표는 의식하지 않고도 오레오 공식으로 생각을 정리하고 이를 에세이로 써 내는 수준에 도달하는 것입니다.

질문 5
글쓰기,
생각만 해도
머리가 아파요

"글만 쓰려고 하면 눈앞이 캄캄해요. 머릿속이 갑자기 하얘져요."

이런 하소연이 의외로 많습니다. 의사소통을 위한 글쓰기라면 독자가 전제여야 합니다. 글을 쓰려 하면 앞이 캄캄하거나 머리가 하얘지는 증상은 독자를 생각할 겨를이 없기 때문입니다.

①타깃

읽어 줄 상대가 없는 글은 일기일 뿐입니다. 누구에게 글을 읽히려 합니까? 그 독자와 대화를 시도하세요. 특정한 독자가 없다면 주위 사람 중 한 사람을 떠올리며 대화를 하세요.

②아이디어
그 독자가 당신에게 질문을 하게 하세요. 당신이 쓰려는 주제에 독자들이 떠올릴 질문을 포착하세요.

③가치 제안
그 질문에 맞는 답을 만드세요.

그다음에 문장식으로 메시지를 만듭니다.
'~하려면 ~하라.'

하버드 비즈니스 스쿨도 글을 잘 쓰고 싶다면 질문으로 독자에게 다가가라고 알려 줍니다.
'머릿속에서는 이런저런 생각이 어지럽게 떠다니는데 그 생각을 어떻게 풀어내야 독자를 설득하고 이해시킬 수 있을지 암담하다면 질문으로 시작하라.'

질문으로 시작하기

예를 들어 '유튜브를 잘하려면 논리적 글쓰기 연습하라'는 내용으로 SNS에 포스팅을 하려 합니다. 어떻게 시작할지 막막하다면 먼저 독자들이 궁금해할 관심사를 떠올립니다. 아마 독자들은 이런 질문을 할 것입니다.

'유튜브는 말로 하는데 글쓰기라니?'
'유튜브는 재미있게 소통해야 하는데 논리적 글쓰기는 너무 딱딱하지 않을까?'
'논리적 글쓰기를 연습하면 왜 유튜브를 잘하게 될까?'

이렇게 질문을 떠올리면 글에서 중점적으로 다룰 내용을 가늠하기가 쉽습니다. 하나하나의 질문에 답을 쓰다 보면 글로 쓸 내용이 모두 마련되니 쓰기에 대한 부담이 대폭 줄어듭니다. 이때 중요한 것은 독자의 흥미와 관심사를 오롯이 고려한 질문이어야 한다는 것입니다. 유튜브를 잘하고 싶어 하는 주위 사람들에게 관련 내용을 이야기하고 반응을 살피면 질문을 수집하기가 편합니다.

질문과 답변을 메시지로 만들기

독자가 한 질문 중 비중 있는 것을 문답 포맷으로 만듭니다. 예를 들어 이 질문에 '~하려면 ~하라' 메시지로 답하면 식은 죽 먹기입니다.

'논리적 글쓰기를 연습하면 왜 유튜브를 잘하게 될까?'
→ 유튜브 시청자도 일리 있고 조리 있는 내용을 좋아하기 때문이다.

→스타 유튜버가 되고 싶다면 논리적 글쓰기를 연습하라.

　글쓰기는 의사소통을 위한 행위임에도 혼자 작업하기 때문에 독자를 잊기 쉽습니다. 당신의 글을 읽어 주면 좋을 사람을 떠올려 그에게 질문으로 다가가세요. '논리적 글쓰기가 이렇게 쉬웠나?' 하고 반문하게 될 겁니다.

질문 6

오레오 공식에서
의견 주장하기와
의견 강조하기가 헷갈려요

'하버드생처럼 논리적으로 생각하고 글쓰기 연습 비법'을 전수하며 오레오 공식으로 쓸거리 만들기 단계를 연습하는 과정에서 가장 많이 받는 질문입니다. 결론부터 말씀드리면 의견 주장하기는 방향성을, 의견 강조하기는 구체적인 방법을 제기하고 제안합니다. 다음 두 문장을 볼까요?

'논리적으로 생각하라.'
'오레오로 생각하라.'

전자는 방향성을 제시하고 후자는 구체적인 방법을 제안합니다. 방향성은 추상적이고 보편적이며 일반적인 다양한 자료를 동원해 증명이 가능합니다. 이에 비해 방법은 주장을 강조하기 위해 제안한 것으로, 필자 개인의 개별적이고 특수한 경험에서 비롯돼서 증명하기가 쉽지 않습니다. 방향성과 방법의 이런 차이를 기억한다면 의견 주장하기와 의견 강조하기를 구분하기 좋습니다.

의견 주장하기(방향성 제시하기): 추상적, 보편적, 일반성
의견 강조하기(방법 제안하기): 구체적, 개별적, 특수성

오레오 문장식

오레오 공식을 연습할 때 문장식을 기억하면 혼란없이 쓸거리를 만들 수 있습니다.
의견 주장하기: ~하려면 ○○하라.
이유 제시하기: 왜냐하면 ~때문이다.
사례 제시하기: 예를 들면 이러하다.
의견 강조하기: 그러니 ~하기 위해 ○○하려면 ○○하라.

질문 7

오레오 공식에서
이유와 근거,
너무 어려워요

'글을 잘 쓰고 싶어요.'

글쓰기 수업에 참여하는 사람들의 바람이지만 저는 이렇게 선을 긋습니다.

"잘 쓰고 못 쓰고보다 제대로 쓰기를 목표해야 합니다."

잘 쓴다는 것은 지극히 주관적인 기준이어서 읽는 이에 따라 평가가 달라지므로 내가 의도한 반응을 얻어 내기 어려울 수도 있습니다. 반면 제대로 쓴다는 것은 누가 읽어도 글의 의도가 전달되고 의도한 반응을 얻어 낼 수 있습니다. 제대로 글쓰기에서 가장 중요한 원칙은 말이 되게 쓰는 것입니다. 말이 되게 쓴다는 것은 논리적으로 즉 내용을 일리 있고 조리 있게 전달하는 것입니다.

"글쓰기의 목표는 사람들에게 당신의 아이디어가 가치 있다는 것을 확신시키는 것이다."
하버드대학교 컴퓨터 공학과 마고 셀처 교수의 말입니다. 그렇습니다. 당신이 생각하는 것이 얼마나 가치 있는지를 주장하려면 왜 그런지 설득력 있게 증명해야 합니다. 증명 없는 주장은 의견으로 인정받지 못합니다. 증명은 주장에 타당한 이유와 합리적인 근거를 제시함으로써 완성되고 그제서야 독자는 의심 없이 주장을 받아들입니다.

'오레오 공식에서 이유와 근거 들기가 제일 어려워요.'
의외로 많은 사람이 이유와 근거 들기를 힘들어합니다. 이유는 '왜 그런 주장을 하는가'에 대한 설명입니다. 주장과 이유는 서로 인과 관계가 성립해야 합니다. 예를 들어 이렇게 주장합니다.

'공부를 잘하고 싶으면 쓰면서 해라.'

주장했으니 독자가 수긍할 만한 이유를 타당하게 설명해야 합니다.

→ 왜냐하면 쓰기라는 행위는 공부한 내용을 기억하고 집중하여 잘

기억하게 만들기 때문이다.

　만일 이유로 '글을 잘 쓰면 글씨를 잘 쓰기 때문에'라고 하면 인과 관계가 성립되지 않아 타당하지 않습니다. 글씨를 잘 쓰는 것과 글을 잘 쓰는 것은 서로 관련이 있을 수 있으나 결과에 대한 직접적인 이유가 되지는 못하기 때문입니다.

　이제 근거를 제시합니다. 쓰는 행위가 공부한 내용을 잘 기억하게 한다는 것을 합리적인 자료로 증명합니다. 근거를 댈 때는 누가 봐도 믿을 만한 것이어야 합니다. 권위 있는 연구진의 실험이나 연구 결과, 믿을 만한 기관에서 발표한 통계 수치, 해당 분야의 전문가나 권위자의 증언, 관련 공식 기관의 승인 및 인증, 성공한 전력(최고 승률의 사례 등)이 좋습니다.

　가령 일본의 정신과 의사인 가바사와 시온의 저서에서 "뇌 과학적으로 쓰는 행위로 인해 주의력을 관장하는 뇌간의 망상 활성계가 자극받기 때문에 기억에 도움된다"라고 한 자료를 발견했다면 근거로 활용하기 그만입니다. 유명한 학자의 연구 결과도 유명인의 증언도 근거로 유력합니다.

　이쯤 설명하면 영리한 사람은 눈치채기 마련입니다. 논리적 글쓰기를 하려면 부지런해야 한다는 것을요. 오레오 공식을 활용한 논리적 글쓰기가 어렵다고 하는 것은 그 자체가 어려워서라기보다는 주장을 뒷받침하여 설득력을 더해 줄 객관적이고 합리적인 이유, 근거, 사례를 수집하는 일이 어려워서입니다. 그러므로 이유와 근거를 대기가 힘들다는 생각이 들면 제3강을 참고하세요. 아울러 이유 대기, 근거 들기가 헛갈린다면 본문에서 다룬 '하늘, 비, 우산'도 참고하세요.

오레오 공식으로
에세이 딱 한 편만 죽자고 연습하면
잘 쓰게 되나요?

저의 글쓰기 수업에서는 매일 글을 쓰고 한 번에 하나씩 포인트를 잡아 고쳐 쓰기를 합니다. 매일 글쓰기 기법을 하나씩 배워 실제로 적용하는 방법입니다. 글 한 편을 100번 고쳐 쓰나 글 100편을 하나씩 고쳐 쓰나 글을 잘 쓰게 되는 데는 차이가 없을 것 같지만, 실제로 해 보면 결과는 엄청나게 다릅니다.

글 한 편을 쓰는 데 100번의 과정을 거치면 단 한 번의 경험이 만들어집니다. 100편의 글을 100번 고쳐 쓰기 하여 완성하면 100번의 경험이 쌓입니다. 오레오 공식을 100번 활용해 체득한 경험, 오레오 공식으로 정리한 내용을 에세이로 서술하기를 100번 거듭하며 완주한 100번의 경험은 어떤 글이든 논리정연하게 잘 쓰는 자신감을 줍니다.

　글 100편을 쓰면 100가지 글쓰기 문제 상황에 접합니다. 100가지 글쓰기 문제를 해결하다 보면 글쓰기 과정에서 겪는 문제 상황은 거의 다 겪게 되고 일일이 해결하며 글 쓴 경험은 다음 글쓰기에 오롯이 재투자됩니다. 이 정도면 글쓰기가 더는 두렵지 않고 많이 수월해집니다. 자꾸 쓰고 싶어집니다.

　매일 쓰고, 피드백 받아 고쳐쓰고 하는 글쓰기 훈련은 글쓰기를 두려워하던 뇌를 글 잘 쓰는 뇌로 바꿔 가는 작업이기도 합니다. 전문가들도 매일 한 편씩 쓰는 것이 원하는 결과를 얻는 데 훨씬 도움된다고 조언합니다. 세계의 초일류 인재들이 어떻게 재능을 단련하는지를 연구한 대니얼 코일은 핵심 기술을 매일 5분이라도 꾸준히 연습하는 것이 일주일에 1시간 몰아서 연습하는 것보다 효과적이라고 강조합니다.

　"우리의 뇌는 하루에 조금씩 자라기 때문에 5분밖에 안 되더라도 매일 조금씩 연습한다면 의도한 대로 뇌가 성장하지만 이따금 연습하면 뇌는 매번 연습 내용을 따라잡는 데 허덕여 효과적이지 않다."

질문 9

글쓰기 연습은 금방 싫증 나요 좋은 방법이 없을까요?

글쓰기 코칭이 업이면서도 저는 "글쓰기를 가르쳐드리지 않습니다" 라며 글쓰기 코칭을 거부하는 일이 많습니다. "글쓰기가 아니라 책 쓰기를 돕겠다"며 어깃장을 놓는 대상은 막연히 글을 잘 쓰고 싶다는 바람으로 도움을 청하는 사람들입니다.

글쓰기를 배우려는 것은 글을 잘 쓰기 위해서입니다. 글 잘 쓰기 원칙과 법칙과 노하우와 기술과 팁을 배우면 글을 잘 쓸 수 있다고 믿기 때문입니다. 그래서 보통 글쓰기 수업에서는 주제 잡는 법, 서론 본론 결론을 구성하는 법, 맞춤법, 띄어쓰기 등을 가르칩니다. 또 어휘력을 길러야 한다며 이런저런 비법을 제공합니다.

그런데 말입니다, 이런 것에 능하면 글을 잘 쓸 수 있나요? 글쓰기 기술을 많이 배우면 전하려는 아이디어가 부실해도 독자가 잘 읽어 주나요? 저에게 글쓰기를 배우겠다고 찾아오는 분 가운데 거의 대부분이 글로 쓸 만한 아이디어가 미흡하거나 없습니다. 스스로는 '글쓰기 기술이 부진하니 좀 배우면 잘 쓸 것 같다'고 하지만 제 판단에는 아이디어의 부재가 더 큰 문제입니다. 말과 글로 전하고 싶은 아이디어가 분명하면 쓰는 것은 그리 문제가 아닌 법이어서요.

그래서 글쓰기를 배우겠다며 찾아온 사람들에게는 우선 책 쓰기를 권합니다. 책을 쓰려면 독자를 설정하고 그에게 전할 핵심 아이디어를 마련하는 개발 단계를 거쳐야 하기 때문입니다. 이 과정에서 독자에게 전달할 매력적인 아이디어를 손에 넣습니다.

이 아이디어를 독자로 상정한 이들에게 전달하고 그들을 설득해야 하니 글을 잘 써야 할 이유와 필요가 생기고 어떻게든 글을 잘 써 보려 더 애를 씁니다. 이런 단계에 도달해야 하버드식 글쓰기 비법을 재빠르게 전수받아 글을 잘 쓰게 됩니다. 글쓰기 수업은 이렇게 구체적인 동기가 부여돼야 제대로 가능합니다. 이것이 글쓰기를 배우겠다는 사람에게 책 쓰기부터 권하는 배경입니다.

"코로나 알리미'를 만든 친구들 보면 밤새 배우고 익히고 실제로 해 보니 빅 데이터에 관련된 내용을 정말 빠르게 배우더라. 영어를 배울

150년 하버드 글쓰기 비법

때 외국인 여자 친구를 만나면 싸우고 사랑하고 대화하기 위해 영어가 빠르게 느는 것과 마찬가지다."

마스크 지도 앱을 개발, 서비스하여 국민적 관심을 한 몸에 받은 이두희 멋쟁이사자처럼 대표의 말입니다. 코딩부터 배우려 들기보다 코딩으로 해결하고 싶은 문제를 찾아 그것을 해결하기 위해 코딩을 배우면 코딩 기술은 저절로 배워진다는 말입니다. 아이들의 코딩 프로그램인 '스크래치'가 코딩 배우기가 아닌 프로젝트 수행하기를 목표하는 이유도 마찬가집니다.

글쓰기를 배우고 싶다고요? 그렇다면 이런 글을 잘 쓰게 된다면 그 기술로 무엇을 하고 싶은지 목표 찾으세요. 그러면 훨씬 쉽고 빠르게 글쓰기를 배웁니다. 쓰면서 배울 테니까요.

1단계: 모든 글쓰기의 핵심 기술인 오레오 공식을 자유자재로 구사하도록 연습하세요.

2단계: 책 쓰기, 유튜브, SNS로 스타가 될 목표를 세우고 그 목표를 가능하게 할 아이디어를 찾거나 만드세요.

3단계: 2단계에서 선택한 아이디어를 하나하나 오레오 공식으로 구성하여 전달하세요.

SNS든 유튜브든 이용자와 시청자가 찾아 읽는 글을 쓰려면 오레오 공식으로 쓸거리, 말할거리부터 만드세요. 한 편 한 편 오레오 공식으로 구현한 말과 글을 모아 아이디어에 맞게 재구성하여 인쇄하면 한 권의 책이 뚝딱 만들어집니다. 바라던 바, 유튜브 스타가 되고 인플루언서로 인정받습니다. 이 모든 것이 오레오 공식이라는 논리적 글쓰기 핵심 기술을 습득했기 때문입니다.

질문 10

취준생입니다
블라인드 테스트에 인공 지능 채점관까지…
잘 통하는 자기소개서, 어떻게 써야 할까요?

자기소개서 쓰기가 어려운 것은 지원자에 대한 첫인상이자 평가의 근거가 되기 때문입니다. 하버드생들을 대상으로 자기소개서 쓰기를 가르쳐 온 토머스 리처드는 이렇게 말합니다.

"업무에서 우수한 성과를 내는 사람들이 하나같이 언어 능력이 출중합니다. 그래서 회사는 지원자의 언어 실력을 최대한 명확하게 측정합니다."

자기소개서는 지원자의 미래 가치를 결정하는 오디션입니다. 이렇듯 글쓰기가 입사 여부를 결정할 뿐 아니라 인생 여정을 좌우합니다.

그런데 자기소개서로 기업에 뽑히기가 더욱 어려워졌습니다. 많은 기업에서 일하는 인공 지능 채점관 때문입니다. 인공 지능 채점관은 자기소개서를 3초 만에 평가합니다. 이 말은 인공 지능이라는 채점관이 내 서류를 통과시켜 줘야 그다음 과정인 면접을 볼 수 있다는 뜻입니다. 그러니 이제는 자기소개서도 인공 지능이 좋아하는 식으로 써야 합니다. 오레오 공식은 인공 지능 채점관에게 잘 먹히는 자기소개서 쓰기에도 특효입니다.

인공 지능 채점관이란 인공 지능이 주도하는 지원자 추적 시스템을 말합니다. 미국에서는 잘나가는 500대 기업 중 98퍼센트가 이 시스템을 이용합니다. 인공 지능 채점관은 이력서, 자기소개서를 일일이 체크합니다. 문맥이 맞지 않는 글, 특정 단어를 맥락 없이 자주 쓴 경우 등을 여지없이 걸러냅니다. 심지어 자기소개서 한 장 만들어 여러 기업에 지원할 때 매번 써먹었는지까지도 척 보면 안다고 합니다. 그러면 '문장을 잘 쓰면 인공 지능이 점수를 잘 주느냐' 하면 그것도 아니라고 합니다. 인공 지능도 쓸거리를 중시합니다.

대부분의 지원자들은 이런 내용으로 자기소개서를 씁니다.
'어떤 학교를 얼마나 우수한 성적으로 졸업했고
이런저런 경험을 많이 했으며
무슨 무슨 자격증을 따고 이런 코스도 수료했다.
그러니 나를 뽑아라.'

150년 하버드 글쓰기 비법

하지만 채용 측에서는 이런 내용을 읽고 싶어 합니다.

'어떤 준비를 해 왔는가?'

'핵심적인 능력은 무엇이인가?'

'우리가 관심을 가져야 하는 이유가 무엇인가?'

'이 모든 것을 입증할 만한 근거는 무엇인가?'

인공 지능 채점관도 바로 이 4가지를 기준으로 내용을 살필 수밖에 없습니다. 이미 눈치챘겠지만, 이 4가지는 바로 오레오 공식이 담아내는 그대로입니다. 그러니 자기소개서의 주된 내용을 오레오 공식으로 만들어 쓰면 됩니다. 그런 다음 문장 표현을 점검하세요. 무엇보다 인공 지능 채점관이 싫어하는 것은 피해야 합니다.

① 인공 지능 채점관, 즉 지원자 추적 시스템이 빠르게 잘 읽어 내겠는가?

보유 기술이나 경력을 설명할 때 기업에서 사용하는 용어나 키워드 중심으로 써야 합니다. 예를 들어, 회사는 '인공 지능보다 탁월한 창의력을 지닌 인재를 찾는다'고 했는데 인공 지능의 영어 약자인 'A.I.'라고 쓴다면 자기소개서가 걸러질 수 있습니다.

② 지원자 추적 시스템이 내용을 식별하겠는가?

문장은 간결하고 분명하게 써야 합니다. 복잡하지 않고 의미 전달이 빨라야 합니다. 잘 쓰려 하기보다 제대로 써야 합니다. 문법에 충실한 문장, 오타 없이 완벽한 문장을 써야 합니다. 오타와 잘못된 문법으로 쓰인 문장은 인공 지능이 식별할 수 없어 걸러집니다.

③ 주장은 증명했는가?
비즈니스 전문 소셜 미디어인 링크드인은 다음 10가지 단어를 자신을 소개하는 글에 사용하지 않는 것이 좋다고 합니다.

전문적인 / 리더십을 가진 / 경험 많은 / 열정적인 / 전략적인 / 탁월한 / 성공적인 / 집중력 있는 / 창의적인 / 열심히 하는

오레오 공식
연습
워크시트

오레오 공식으로 쓸거리 만드는 연습을 할 때
워크시트를 사용하면 편리합니다.
워크시트에 생각과 자료를 써 놓고 확인해 가며 생각하세요.

다운로드 받는 곳: www.돈이되는글쓰기.com

아이디어 확인하기

독자 **(Target)**	
아이디어 **(Idea)**	
가치 제안 **(Value Proposition)**	
주장문 만들기 **(의견+제안)**	"~하려면 ~하라. 왜냐하면 ~하기 때문이다."

워크시트 2
쓸거리 4줄을 4단락으로 만들기

Opinion(의견 주장하기) "~하려면 ○○ 하라."
'○○ 한다는 건 무슨 말일까? ○○ 하면 정말 될까? 좋을까?
Reason(이유 대기) "왜냐하면 ~하기 때문이다."
'○○ 하면 된다고? 그렇게 말하는 근거가 뭐지?
Example(사례 들기) "예를 들면"
'예를 들어 설명해 주면 좋겠는데. 쉽게 이해할 만한 사례가 있을까?'
Opinion(의견 강조하기) "그러므로 ○○ 하려면 ★★ 하라."
'★★ 한다는 것은 뭘까? ★★ 하는 이유는 뭘까? ★★ 하려면 무엇부터 해야 할까?'

1문단 에세이 완성 연습

1단계 주제 만들기	
2단계 오레오 공식으로 쓸거리 만들기	**Opinion**(의견) _____ _____ **Reason**(이유) _____ _____ **Example**(사례) _____ _____ **Opinion**(의견 강조) _____ _____
3단계 쓸거리를 연결해 1문단 에세이 완성하기	

오레오 공식을 에세이 단락으로 만들기

Opinion (의견 주장하기)	핵심 주제	
	보충 설명 ①	
	보충 설명 ②	
	정리하기	
Reason (이유 대기)	핵심 주제	
	보충 설명 ①	
	보충 설명 ②	
	정리하기	
Example (사례 들기)	핵심 주제	
	보충 설명 ①	
	보충 설명 ②	
	정리하기	
Opinion (의견 강조하기)	핵심 주제	
	보충 설명 ①	
	보충 설명 ②	
	정리하기	

오레오 공식을 에세이로 만들기

도입부
Opinion(의견 주장하기)
Reason(이유 대기)
Example(사례 들기)
Opinion(의견 강조하기)

대한민국 대표 글쓰기 코치의
인생을 바꾸는 글쓰기 책

마음을 흔들고, 시선을 사로잡고,
클릭을 유발하는 5가지 글쓰기 비법

끌리는 단어 혹하는 문장

송숙희 지음 | 값 14,500원

같은 물건을 팔아도 돈을 더 버는 사람, 비슷한 게시물로 검색 결과의 상단을 차지하는 사람, 청중이 집중하는 프레젠테이션을 만드는 사람의 비밀은 '눈에 띄는 한마디'에 있다. 어떻게 하면 단 한 줄도 끌리고 혹하게 쓸 수 있을까? 단어와 문장에 대한 감각과 안목을 길러 준다.

책 한 권 뚝딱!

따라 쓰기의 기적

송숙희 지음 | 값 16,000원

누구나 책 쓰는 시대에 가장 쉽고 빠르게 책 쓰는 비법을 안내한다. 자신에게 맞는 책 쓰기 유형을 찾는 법부터 SNS로 원고를 준비하는 법, 3개월 안에 초고 쓰는 법, 책 쓰기 고수들을 따라 하는 법까지 대한민국 1호 책 쓰기 코치가 평생 쌓은 노하우를 모두 공개한다.

하루 10분 교과서 따라 쓰기로 쉽게 배우는

초등 첫 문장 쓰기의 기적

송숙희 지음 | 값 15,500원

말도 잘하고 글도 잘 쓰는 아이, 자기 생각을 글로 또박또박 잘 쓰는 아이, 일기든 독후감이든 첫 문장부터 쉽게 쓰는 아이가 되는 비결. 하루 10분 교과서의 문장만 따라 써도 충분하다. 아이가 스스로 교과서를 펴서 문장을 고르고 따라 쓰며 글쓰기에 재미를 붙일 수 있는 방법을 알려 준다.

초등학생을 위한 150년 하버드 글쓰기 비법

송숙희 지음 | 값 14,000원

'우리 아이도 글 잘 쓰게 도와주세요!' 학부모 독자들의 요청에 초등학생의 눈높이에 맞추어 재설계한 글쓰기 비법. 기적의 4줄 공식으로 미래 인재의 핵심 능력인 집중력, 사고력, 창의력을 길러 주고 내신과 수능까지 책임진다. 아이를 가볍게 하버드급 인재로 키우는 방법을 안내한다.

"글은 쉽게 쓰는 것입니다"

학업 역량이 떨어져 취업이 걱정인 대학생, 회사 생활이 버거운 신입 사원, 회의 내용을 문서로 공유해야 하는 직장인, 교장 승진 면접을 준비 중인 교감 선생님, 고객의 댓글에 대답하려면 손이 떨리는 외식업체 사장님, 온라인에 회사 소개 글을 써야 하는 총무과 직원, 회사 홈페이지에 올라온 항의 글에 답해야 하는 고객 센터 담당자, 거래처에 이메일로 협상안을 보내야 하는 영업 직원, 고객에게 메신저밖에 쓸 줄 모르는 보험 영업 직원, 하는 일의 90퍼센트가 글쓰기인 마케팅 직군, 대본 한 줄 쓰지 못해 고민인 크리에이터, 신규 등록을 독려할 초대 글을 써야 하는 요가원 원장님, 학부모와 메시지를 주고받아야 하는 보습 학원 원장님, 대입과 취업에 필요한 자기소개서에 인생을 건 수험생, MZ 세대와 소통해야 하는 회사 임원이라면 이 책이 아주 유용합니다.

_개정증보판 머리말에서

제1강
왜 하버드대학교는
글쓰기에 매달릴까?

제2강
어떻게 잘 읽히는
글을 쓸까?

제3강
어떻게 논리정연한
글을 쓸까?

제4강
어떻게 마음이 움직이는
글을 쓸까?

제5강
어떻게 글쓰기를
삶의 무기로 만들까?

제6강
어떻게
글쓰기 실력을 키울까?

값 16,000원
ISBN 979-11-92300-05-4 (03190)